职业教育公共课系列教材

新时代劳动教育教程

XINSHIDAI LAODONG JIAOYU JIAOCHENG

主　编　邓伟蓉

副主编　吴　霞

参　编　彭慧洁　谢海英　张莉彬

西安电子科技大学出版社

内 容 简 介

本书以《关于全面加强新时代大中小学劳动教育的意见》和《大中小学劳动教育指导纲要（试行）》为指导，系统介绍了日常生活劳动、生产劳动和服务性劳动中的知识、技能与价值观，旨在通过系统的劳动教育，帮助学生树立正确的劳动观念，掌握基本的劳动技能，培养良好的劳动习惯，从而为学生的全面发展奠定坚实的基础。

本书内容分为八个单元：认识劳动，树立正确的劳动观念；尊重劳动，端正良好的劳动态度；学会劳动，培养优良的劳动素质；热爱劳动，掌握熟练的劳动技能；崇尚劳动，发扬伟大的劳动精神；自强自立，劳动需要创新；脚踏实地，劳动成就梦想；智企 AI，让人工智能为劳动增翼。每个单元均设有"知识传递""知识拓展""活动与评价"三个栏目，内容深入浅出，着重培养学生对劳动的认知和践行能力，使其做到知行合一。

本书可作为职业院校开展劳动教育的教材和参考书。

图书在版编目 (CIP) 数据

新时代劳动教育教程 / 邓伟蓉主编 . -- 西安：西安电子科技大学出版社 , 2025. 8. -- ISBN 978-7-5606-7757-6

Ⅰ. G40-015

中国国家版本馆 CIP 数据核字第 2025DK8564 号

策　　划　李鹏飞　李　伟
责任编辑　李鹏飞
出版发行　西安电子科技大学出版社（西安市太白南路 2 号）
电　　话　(029) 88202421　88201467　　　　邮　　编　710071
网　　址　www.xduph.com　　　　　　　　　电子邮箱　xdupfxb001@163.com
经　　销　新华书店
印刷单位　陕西博文印务有限责任公司
版　　次　2025 年 8 月第 1 版　　　　　2025 年 8 月第 1 次印刷
开　　本　787 毫米 × 1092 毫米　1/16　　　印　张　10.5
字　　数　193 千字
定　　价　38.00 元
ISBN 978-7-5606-7757-6

XDUP 8058001-1

*** 如有印装问题可调换 ***

前 言

PREFACE

劳动是创造物质财富和精神财富的过程，是人类特有的基本社会实践活动。劳动教育是新时代党对教育的新要求，是中国特色社会主义教育制度的重要内容，是全面发展教育体系的重要组成部分。

2018 年，习近平总书记在全国教育大会上强调，要努力构建德、智、体、美、劳全面培养的教育体系，大力弘扬劳动精神。

2020 年，中共中央、国务院发布了《关于全面加强新时代大中小学劳动教育的意见》，强调将劳动教育纳入人才培养全过程，促进学生形成正确的世界观、人生观、价值观。

为了适应社会的需求，培养与经济社会发展相适应，德智体美劳全面发展的高素质技能人才，编者编写了本书。全书共八个单元，每个单元由三个栏目(知识传递、知识拓展、活动与评价)组成，旨在引导学生从认识劳动到尊重劳动，从学会劳动到热爱劳动、崇尚劳动，从而进一步在劳动中进行创新，实现人生价值，成就人生梦想。

在编写过程中，编者充分考虑了高职院校学生的实际情况和需求，力求使本书内容贴近学生的生活实际，符合社会的发展需求。书中生动有趣的实例与深入浅出的理论分析，能帮助学生深刻认识到劳动对个人成长、社会发展的重要意义，从而激发他们热爱劳动、尊重劳动的内在动力。

首先，本书内容紧密贴合高职院校学生的成长特点和实际需求，注重理论与实践的深度融合。书中精心设计的劳动实践活动和案例，使学生在亲身体验中掌握劳动技能，理解劳动过程，提高解决实际问题的能力。同时，本书还注重培养学生的创新思维和实践能力，鼓励他们在劳动中勇于尝试、敢于创新。

其次，本书强调团队合作与沟通的重要性。书中提供了丰富多彩的团队活动和合作任务，学生能在共同完成任务的过程中学会相互协作、相互支持，培养团队精神，提升沟通能力。

再次，本书的评价体系科学完善，兼顾过程与结果。除了关注学生的劳动技能掌握情况外，本书还注重评价学生的劳动态度、劳动习惯以及团队协作能力等综合素质。多元化的评价方式和手段，能够全面、客观地反映学生的劳动表现和发展水平，为他们的全面发展提供有力保障。

总之，希望学生通过本书的学习，能够深刻理解劳动的意义，崇尚劳动、尊重劳动、热爱劳动，认识到劳动不仅是谋生的手段，更是实现自我价值的重要途径；希望高职院校的学生能够在劳动中不断成长，为未来打下坚实的基础，为社会的发展贡献自己的力量。

本书由邓伟蓉担任主编，吴霞担任副主编，彭慧洁、谢海英、张莉彬参与编写。具体编写分工如下：第一单元和第二单元由吴霞编写；第三单元由彭慧洁编写；第四单元和第八单元由邓伟蓉编写；第五单元由谢海英编写；第六单元和第七单元由张莉彬编写。

本书在编写过程中，学习、参考、借鉴了国内外许多专家、学者的研究成果以及文献资料、网络资料，在此向相关作者致以诚挚的谢意。

由于编者水平有限，书中难免存在不足之处，恳请广大专家、读者批评指正，并对本书提出宝贵的意见和建议，以便及时修订和完善。

编　者
2025 年 3 月

目 录

CONTENTS

单元一
认识劳动，树立正确的劳动观念

要在学生中弘扬劳动精神，教育引导学生崇尚劳动、尊重劳动，懂得劳动最光荣、劳动最崇高、劳动最伟大、劳动最美丽的道理，长大后能够辛勤劳动、诚实劳动、创造性劳动。

——习近平在全国教育大会上的讲话 (2018 年 9 月 10 日)

★ 知识传递 ★

一、劳动的起源

科学研究表明，人类、人类劳动和人类社会起源于 400 多万年前。最初的猿人起源于类人猿，最初的猿人劳动起源于类人猿劳动，最初的猿人社会起源于类人猿社会。

古往今来，人们的生活和生产都离不开"劳动"，上溯至殷商时期，古人就以汉字字形表达了对"劳动"的理解。那么，"劳动"一词最早见于什么文献？古汉语中的"劳动"和现代汉语中的"劳动"意思有何变化？

1. 早期劳动者

中华文明源远流长，重视劳动、记录劳动的传统自古有之，这在早期的汉字中就可以窥见一斑。

务农是古代中国最常见、最基础的劳动形态。"农"字的甲骨文（见图 1-1）表现的就是一个人手里拿着农具除草的劳动状态。

商代的劳动者，一般称"众"或"众人"。在中国国家博物馆地下一层的"古代中国"常设展中，一片甲骨上就有"[王] 大令众人曰：协田。其受年？十一月"的记载，意思是某年十一月，商王命令"众人"耕种土地，并占卜询问此次劳作是否会丰收。

图 1-1

春秋战国时期，已经出现"工人"一词，如《荀子·儒效》中有"设规矩，陈绳墨，便备用，君子不如工人"句，其含义和现代汉语中的"工人"差别不大。

无论是农业，还是手工业，早在数千年前，中国社会就有了专业的劳动者，甚至形成了如今所谓的"供应链""产业链"。如此丰富多样的生产劳动，不仅保证了王朝的正常运转，也让我们看到了广大劳动者的艰辛和不易。

2. "劳动"一词意义的变化

在古汉语中，最早明确记载"劳动"一词的是《庄子·让王》篇。该文"春耕种，形足以劳动；秋收敛，身足以休食"句中的"劳动"是指"活动身体"。《后汉书·方术列传》中也有类似表达，华佗对他的学生吴普说："人体欲得劳动，但不当使极尔。"后来，传统医学典籍里的用法也和此处相差无几。

三国时，《三国志·魏志·钟会传》中有"劳动我边境，侵扰我氐羌"的记载。文中的"劳动"是"使烦劳"的意思，和前面说的"活动身体"的意思已经有了明显差别。

1915 年，商务印书馆刊行的《辞源》中说："凡用体力以从事工作，谓之劳动。因谓专恃作工以谋生活之人为劳动者。"这是近现代学术史上首部收录"劳动"和"劳动者"的词典。

根据《现代汉语词典》的解释，劳动是指"人类创造物质或精神财富的活动"。发展到今天，劳动已不仅仅指身体类活动，还包含了脑力劳动，这是对古汉语中"劳动"一词含义的拓展和延伸。

名画中的劳动之美

在中国美术史的长河中，出现了大量以劳动为主题的作品，其内涵深邃而丰富。历代画家们以敏锐的观察力为基石，借助艺术的力量，塑造出了一个个栩栩如生的劳动者形象，描绘出了一幅幅生动逼真的劳动场景。他们用画笔真实地记录下各个时代的生活百态，表达了他们对于劳动创造价值和推动历史前进的深刻理解。

元代画家程棨（传）的《摹楼璹蚕织图》（局部见图 1-2）是描绘宋代蚕事体系的宏大画卷，其中包含了从桑蚕养殖到织丝成帛的 24 个场景，展现了南宋江浙地区高度成熟的蚕织技术和丰富多彩的岁时风俗。

图 1-2

清代徐扬创作了《姑苏繁华图》(局部见图1-3),这幅长达12米的巨幅画卷生动地描绘了苏州城的繁华景象,其中不乏各种劳动场景,如船夫划船、商贩叫卖、工匠劳作等,展现了当时城市经济的繁荣与人民的勤劳。

图1-3

1951年,徐悲鸿创作了《九州无事乐耕耘》(见图1-4),这是他晚年人物画的代表作之一。作品表现了中国北方的农耕场景,虽然只刻画了三位在田间精心劳作的农民与一头耕牛,但却反映出全国人民同心协力的精神面貌,展现了劳动的蓬勃生机与积极意义。

图1-4

3. 劳动工具的演变

从马克思主义哲学视角来看，生产力的发展推动着人类历史不断向前发展。劳动工具是衡量生产力的一个重要方面，而劳动工具的先进程度又是由其制造技术的先进程度决定的，所以说，劳动工具制造技术的进步推动了人类历史的发展。

纵观人类社会发展的进程，每一次劳动工具制造技术的进步都会带来人类社会的巨大进步，并推动着人类社会不断向前发展。这种情况发生在人类社会历史发展过程中的每一个阶段。

在江苏各地遗址中，都能发现诸多劳动的痕迹，其中劳动工具的考古发现屡见不鲜。

高邮市新石器时代的龙虬庄遗址地处水荡沼泽，周围无山，更无石块，所以鲜见石斧、石刀、石锄等器物出土，但该遗址出土的骨角器共有 491 件，其中生产工具占绝大多数，有叉、镐、斧、凿、锥、铲、镞、鱼镖、叉形投掷器等。

海安市南莫镇青墩村的新石器时代遗址也出土了多种劳动工具，里面有骨头做的梭和针，还有陶纺轮和带柄穿孔陶斧（见图 1-5）。这说明原始纺织技术已在这里出现，古青墩人已经开始种麻织布。江苏北部邳州的大墩子遗址中也出土过骨针（见图 1-6）。

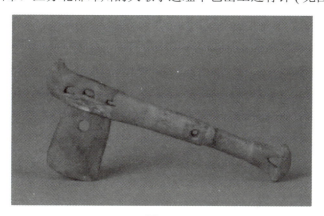

图 1-5

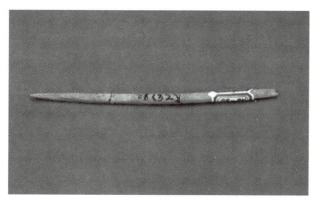

图 1-6

到了青铜器和铁器时代，劳动工具发生了重大变革，人们在工具形制上进行创新，打造更为合用的劳动工具；在材质上，人们也抛弃石头和骨头，开始使用铁、铜等金属来制作劳动工具。白天，人们用铁制的锸、铲、锹、锄等工具在田野耕种；夜晚，人们在火边缝制衣物时，也不再使用骨针，而是使用金属针。

当历史的车轮来到公元18世纪，一场前所未有的工业革命正从英国发起，劳动工具制造技术开始腾飞。先是纺织机制造技术的提升改变了人们的劳动方式，接着是蒸汽机制造技术的提升节省了人力，从而大大提高了劳动生产效率，把许多人从土地上解放出来。此外，蒸汽机在交通工具制造上的应用也改变了人们的出行方式。后来，内燃机、发电机和电动机等的应用更使人们的劳动方式和生活方式发生了翻天覆地的变化，农业机械代替了手工劳动，日出而作、日落而息的劳作方式得到了根本改变，搬运重物不再肩扛人抬，出行不再只能靠走。同时，通信工具的制造技术也取得了巨大进步，人们可以通过收音机和电话得知远方的消息。尤其是到了20世纪后半期，电视机、电脑、卫星、手机等制造技术的成熟，增加了人们的脑力劳动，促进了人与人的交流，加速了信息的传递和更新，人类社会的发展也变得日新月异。

二、劳动的含义

劳动是一个多学科概念，劳动的内涵从不同学科的角度又可以概括出不同的意义。社会学意义上的劳动侧重的是人们之间的劳动交往过程，如劳动的合作、产品的交换和成果的共享等，强调劳动是一种社会关系。劳动的分工使得每个人在为自己劳动的同时也在为其他人劳动，正是劳动使人成了社会的人。亚里士多德是第一位察觉出人类劳动区别于动物活动之本质的思想家，他把人类劳动称为"理性劳动"，认为"人的功能就是灵魂按照理性或至少不离开理性的现实活动"。

恩格斯在《劳动在从猿到人转变过程中的作用》中指出：人类祖先是从一种高度发展的类人猿进化来的。劳动是推动从猿到人转化的决定力量。首先，劳动创造了手，由手的发展变化引起整个机体的变化。接着在劳动中又产生了语言，在劳动和语言的共同推动下，猿的脑髓逐渐地变成人的脑髓，意识也就产生了。反过来意识又推动劳动和语言的发展。所以说，劳动是在猿向人的转化过程中起决定作用的力量。劳动创造了人类社会，在劳动基础上产生了各种各样的社会关系，劳动是人类自身发展、人类社会进步的原动力。

古典经济学的集大成者亚当·斯密则从经济学角度来理解劳动，鲜明地表达了劳动是财富之源的思想。

马克思批判继承了前人的劳动思想，并进一步从人的本质的高度阐述了伦理学意义上的劳动观——"我的劳动是自由的生命表现，因此是生活的乐趣"——指出自由的劳动是合乎人性的，是人的存在方式，是人之为人的本质。这样，马克思就将人类对劳动的认识提高到了一个新境界。

本书倾向于"大劳动"的观点，所谓劳动，是指人们运用一定的生产工具，作用于劳动对象，创造物质财富和精神财富的有目的的活动。人类的祖先猿，经过长期劳动才进化成能制造工具的人。所谓劳动对象，是指人们在劳动过程中加工的一切物品的总称。它可以是自然界原来有的，如树木、矿石；也可以是加工过的原材料，如棉花、钢材。劳动是人类社会存在和发展的最基本条件。

三、劳动的作用

劳动是物质财富和精神财富的创造活动，它对社会发展和人的发展都具有重要作用。它不仅是推动社会进步和发展的根本动力，还是实现个人价值和自我提升的重要途径。从个人角度看，劳动是人们取得收入、获得生存的谋生手段；从国家角度看，劳动创造了物质财富和精神财富，是人类文明进步发展的源泉。

1. 创造人类自由

人和人类社会都是由劳动创造的，人类在劳动过程中积累了智慧和宝贵的经验。马克思主义劳动观从历史唯物主义的哲学视域揭示了人类劳动的价值就在于人不断地改造、创造世界并推动自身发展，其实质是人的自由性的不断展开和全面实现。从猿到人后，因为劳动，人类开始按照自己的意志来改造自然界，有了独立的主体地位，人真正开始迈向自由。

人类劳动的目的性、能动性和创造性标志着人类开始迈向自由。人的劳动从一开始就带有很强的目的性，那就是要让自然界为自己的生存与发展服务，人不再像动物那样本能地、消极地和自然界发生关系，而是利用大自然、制造生产工具去改造大自然，变自然之力为人类之力，把客体的力量变为主体力量。人作为劳动者，通过自己的双手进行创造，发展自己，提升能力，使自己的自由度越来越大。比如在当今社会，一栋栋高楼大厦、一条条高速轨道，都是由劳动者辛勤的汗水浇筑而成的。

中国高铁，复兴道路上的亮丽名片

2008年8月1日，我国首条设计时速350千米的高速铁路——京津城际铁路开通运营，中国高铁时代就此拉开序幕。作为京津城际铁路的始发站，北京南站是我国第一个具有完全自主知识产权、代表世界一流水平的高铁站，是集铁路、地铁、城市轻轨、公交、出租等交通方式于一体的现代化大型综合交通枢纽（见图1-7）。

图 1-7

截至 2024 年 9 月，中国铁路总里程突破 16 万千米，其中高铁里程超 4.6 万千米，稳居世界第一。"建设 16 万千米铁路，这个 100 多年前提出的设想在新时代成为现实。"中国铁道博物馆副馆长傅梅胜说。

中华人民共和国成立以来，在中国共产党领导下，中国铁路从落后时代、跟上时代再到引领时代，实现了历史性跨越。今天，日夜奔驰的复兴号高铁列车，充分彰显了新时代的中国力量、中国精神、中国形象。

在中国铁道科学研究院院史馆前，陈列着由不同轨枕拼接而成的百米铁轨。"从最初的木枕到后来的水泥枕、水泥宽枕，再到现在的整体道床，每种轨枕都是一个时代的缩影，更见证了中国铁路的跨越发展。"中国铁道科学研究院集团公司总经理李学峰说。

近来开通的多条高铁线上，铺设的是最先进的百米高速重轨。

"要想列车跑得快、跑得稳，钢轨焊缝就得少，要有 100 米长的高速重轨。"国铁集团工电部主任曾宪海说，"从 25 米钢轨到 100 米重轨，靠的是新型举国体制的优势。"

为了攻克这一难题，铁科院历经海量试验，确定了钢轨的最佳技术参数；鞍钢、攀钢、包钢、武钢等国内钢企联合攻关，同时开展试制；产学研多方合作，突破了 100 余项国内外专利技术。如今的中国高速重轨，每 1 米平直度误差不超过 3 张 A4 纸厚度，性能达到全球领先。

正是中国力量，让今天的中国铁路网覆盖全国 99% 的 20 万人口以上城市，高铁网覆盖 96% 的 50 万人口以上城市，建成了世界最现代化的铁路网和最发达的高铁网，书写了现代化中国壮阔征程上的绚丽篇章。

2. 提升自身技能

人类征服自然、改造自然必须提高劳动技能，然而，劳动技能的提高必须在劳动实践中方能实现。

通常，人们所说的劳动技能是指在生产过程中对劳动者素质的要求，主要反映岗位对劳动者智能水平的要求。这些技能的提升，必须通过大量的劳动实践才能实现。通过劳动，人类能够开拓视野，提升自己的理论修养；通过劳动，人类能在一系列成功与失败的经验中提高认识世界和改造世界的能力；通过劳动，人类能够不断提升自己的各项技能，创造大量的物质财富和精神财富。

汽轮机检修的"定海神针"

他是新时代产业工人的杰出代表，他用"严谨细致、精益求精、守正创新、甘于奉献"的劳模精神，为电力检修事业贡献力量。

他就是华能（上海）电力检修有限责任公司首席技师王健，被中华全国总工会授予2024 年全国五一劳动奖章。

王健，曾获全国技术能手、中央企业百名杰出工匠、能源化工系统大国工匠、上海市五一劳动奖章、华能榜样等多项荣誉，并享受国务院政府特殊津贴。

王健常年扎根在电力检修第一线，作为汽轮机专家，带队攻克了筒式高压缸"卡脖子"难题，填补了国内该领域的技术空白；作为检修标杆，受邀赴新加坡交流指导，助力登布苏电厂检修项目实现质效双升；作为行业翘楚，主笔编制的《上海电气 1000 MW 超超临界汽轮机检修导则》等规范成为全国电力行业统一施行的行业标准；作为创新先锋，秉持"互联网＋"理念，指导团队在设备诊断方面深耕探索，为状态检修全面推行赋能。

从业 30 余年，王健参加各类等级的检修不计其数，积累了丰富的现场经验，每每遇到汽轮机方面的"疑难杂症"，电厂都会点名要他到场"把脉"诊断。王健总是能够很快找到病因，攻破难关，消除病根，让设备恢复健康。时间久了，他精湛的技术蜚声业内，成了汽轮机检修领域的"定海神针"。

2016 年，王健带领团队在玉环电厂开展国内首次超超临界 1000 MW 机组筒式高压缸自主检修。起初，国外专家对王健团队的能力并不信任，态度强硬地表示："你们的技术我们不放心，必须派外方技术人员参与。"这样的话语深深刺痛了王健团队，但华能检修人的尊严和多年的技术积淀催生出"一决胜负"的勇气和底气。

王健团队通过不懈努力，最终成功冲破技术"封锁圈"，实现修后缸效提高 6%，填补了该型汽轮机组在国内自主检修的空白。之后，王健团队一鼓作气对 1000 MW 机组高压阀门密封面堆焊修复进行技术攻关，再次获得成功，在高压阀门检修领域实现突破。

2020 年年初，他作为技术专家逆行湖北，参与国电汉川电厂 5 号机组检修项目。在该项目中，他带队解决了困扰该厂多年的 1 号轴承振动"顽疾"，为疫情期间湖北省的电力保供贡献力量。2021 年，在国家重点项目——石岛湾核电起堆试转前，王健坐镇现场对潜在缺陷进行排障，为第四代高温气冷堆机组顺利启动贡献力量。

王健始终满怀赤诚与热爱，数年如一日躬身在设备中，忙碌在项目上，奋斗在最前线。他用智慧和努力书写了一段电力检修人的无悔人生，用忠诚和汗水谱就了一曲上海新时代产业工人的赞歌。

3. 铸造道德品质

苏联教育家马卡连柯说："在我们的社会中，劳动不仅是经济的范畴，而且是道德的范畴。"

劳动是人类的本质活动，它既把人同动物区别开来，又把人、人类社会同自然界紧密地联系起来。习近平总书记指出："人世间的美好梦想，只有通过诚实劳动才能实现；发展中的各种难题，只有通过诚实劳动才能破解；生命里的一切辉煌，只有通过诚实劳动才能铸就。"因此，诚实劳动是对作为劳动者个人的品德要求，是个人的安身立命之本。

马克思和恩格斯在《德意志意识形态》中指出："人们为了能够'创造历史'，必须能够生活。但是为了生活，首先就需要吃喝住穿以及其他一些东西。因此第一个历史活动就是生产满足这些需要的资料，即生产物质生活本身。"显而易见，人类不劳动，或者不诚实劳动，就无法生产自己生存所必需的物质资料。

习近平总书记强调："人世间的一切幸福都需要靠辛勤的劳动来创造。"个人的成长不仅是身体的成长，更是精神的成长。辩证唯物主义揭示了劳动实践是人精神成长的源泉和动力。一方面，劳动实践是认识的源泉和基础，人通过劳动实践产生意识，同时通过劳动实践创造精神认知的对象世界；另一方面，劳动实践的发展又为认识的发展提供动力，人在劳动实践中巩固、深化认识，新的劳动实践催生新的认识。劳动，既创造了财富，也砥砺着精神。人行天地间，只有在诚实劳动中不图安逸，不惧困苦，爬过高山，蹚过激流，拼搏过，奉献过，才能感受到"千淘万漉虽辛苦，吹尽狂沙始到金"的喜悦与充盈，才能体会到生而为人的自在与尊严。

人是一切社会关系的总和。人离不开劳动，也离不开社会。人的劳动也必须是在社会中展开的。因此，个人的成长发展目标之一就是要逐步融入社会，完成社会化。在这个过程中，诚信的品德至关重要。《论语·为政》中也讲道："人而无信，不知其可也。"个人在自身的发展过程中，无论是与他人交往、参与社会分工，还是实现社会交换，都需要以诚信品德和诚实劳动为根本。

再亏也不能亏农民，诚实守信值千金

获得中央宣传部、国家发改委联合发布的2023年"诚信之星"的江西省绿能农业发展有限公司董事长凌继河，秉承"再亏也不能亏农民"的理念，精诚守信，在三年连续寒露风造成粮食大面积减产，公司经营实际亏损600多万元的情况下，为了兑现承诺，不仅拿出了积蓄，甚至变卖了房产，按时发放了应给农民的钱。

年轻时的凌继河曾到海南学习水稻育种技术，回到家乡后成为一名种田"老把式"。随着市场经济大潮的到来，凌继河"洗脚上田"，前往外省做起建材、手机批发等生意，诚信经营的他在外打拼多年，成了小有身家的企业家。2010年，在外经商多年的凌继河看到家乡农田被撂荒，心里不是滋味，决定返乡"二次创业"，于是创办了江西省绿能农业发展有限公司，立志要让荒田"活"起来，更要让农民有钱赚、有奔头。凌继河用他的诚信踏踏实实履行着自己的诺言，受到人们的尊崇和称颂。

"诚信者，天下之结也。"古往今来，诚信都是社会不可或缺的运行规则，是社会进步无比珍贵的精神财富。正如凌继河所言："做生意就是做人。一个人，永远不要丢了信誉，要凭良心、守诚信，人家才愿意跟你合作，实现双赢。"面对各种各样的利益和诱惑，每一个人都应该重信守诺，坚守做人做事的道德底线，真诚做人、守信做事，让诚信成为自己的不懈追求和自觉行动。

中华民族自古以来就是一个信仰诚信的民族。庄子言："真者，精诚之至也。不精不诚，不能动人。"《论语·子路》中有"言必信，行必果"的佳句，这是对人的道德要求。诚信，是一个人最起码的操守，是社会的公序良俗，亦是一个和谐社会最基本的道德要求。诚信是心灵相通的桥梁、家庭稳定的纽带、化恶为善的基石。

"再亏也不能亏农民，诚实守信值千金"，这是凌继河的理念。事无诚不足以尽，人无信不足以立。随着社会日益进步，诚信的观念更加深入人心。今天，法治建设不断推进，诚信既是个人进行社会交往最好的名片，也是个人创业发展的无形财富。诚实和守信是相通的，是互相联系在一起的。诚实是守信的基础，守信是诚实的具体表现，不诚实很难做到守信，不守信也很难说是真正的诚实。只有人人诚信，社会才能良性运转，人们才能在诚信中获得信任与发展。

4. 成就人类幸福

"劳动是一切幸福的源泉。"2020年11月24日，在全国劳动模范和先进工作者表彰大会上，习近平总书记这样强调劳动的价值。

历史上很多名人都认为，劳动与幸福有着千丝万缕的关联。例如，意大利文艺复兴三杰之一的达·芬奇认为："劳动一日，可得一夜的安眠；勤劳一生，可得幸福的长眠。"法国哲学家爱尔维修认为："忙碌的人就是幸福的人。"俄国作家列夫·托尔斯泰曾说："劳动能唤起人的创造力。"

在原始社会，人们为了满足基本的生活需求，会进行狩猎、采集等劳动（南非博德尔洞穴古人类遗址中发现的工具见图1-8）。通过不断的实践和创新，人们逐渐掌握了农耕、畜牧等的生产技术，从而使自己的生存条件得到极大改善。在这一过程中，人们不仅收获了丰富的物质财富，还形成了互助合作的社会关系，共同抵抗自然界的种种威胁。这种团结协作的精神为人们带来了安全感和幸福感。

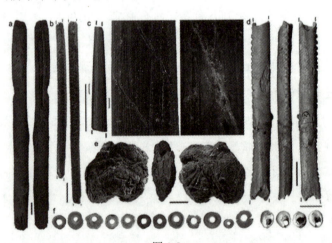

图 1-8

随着社会的发展，劳动的形式日益丰富，人们不仅在生产领域取得了巨大成就，还在文学、艺术、科学等领域绽放出了璀璨的光芒。劳动者们通过自己的智慧和辛勤努力，将美好的理想变为现实，为人类社会留下了宝贵的精神财富。例如，牛顿发现万有引力定律，爱因斯坦提出相对论，这些都是劳动的成果。正是由于这些劳动者的不懈追求，人类文明得以不断向前发展。

劳动故事汇

巴甫洛夫种苹果树

巴甫洛夫，俄国著名生理学家、条件反射理论的建构者，1904年荣获诺贝尔生理学或医学奖。巴甫洛夫从小就非常热爱劳动，在他小时候，有一天，巴甫洛夫和弟弟米加约好去园子里种树，费了很大的劲才挖了一个坑，正要把苹果树栽下去的时候，爸爸从屋里跑出来了，指着园子里一块突出的高地对兄弟俩说："你们看，那儿地势高，一下雨，你们挖坑的地方就会积水，苹果树不就要被淹死了吗？"弟弟听了爸爸的话，小嘴一噘，不高兴地走了。而巴甫洛夫并不灰心，跟着爸爸在高地挑选了一块空地，重新挖起来……巴甫洛夫这种爱劳动的习惯一直保持到晚年。国内战争时期，他自力更生，在实验室周围的空地上种菜，解决了吃菜困难的问题。

5. 推动社会进步

劳动创造了人，劳动是人类文明的基石。习近平总书记指出："人类是劳动创造的，社会是劳动创造的。"人类是自然界长期进化的结果，但人类进化超越了一般动物界的生物进化。人的进化是劳动工具和劳动方式的进化，劳动是真正属于人的本质性力量。

劳动创造了物质财富，也创造了精神财富。在劳动创造中，人们真正发现美、创造美、欣赏美，塑造丰富的精神世界。人们总结劳动中的喜怒哀乐，总结对社会的认知，劳动就成了文明之源。劳动是人类社会文明进步的起点和根本动力，也是创造社会文明的途径和方法。

中华民族是崇尚劳动、善于创造的民族。对劳动的肯定和赞美是中国传统文化的重要内容。《诗经》中"坎坎伐檀兮，置之河之干兮。河水清且涟猗。不稼不穑，胡取禾三百廛兮？"的诗句生动展现了古代人民崇尚劳动、鄙视不劳而获的价值观。中华儿女用辛勤的劳动创造生活的同时，发挥聪明才智，在建筑、科技、手工业、天文地理等诸多领域都取得了巨大的成就。万里长城、天文仪、龙门石窟、都江堰、大运河以及素纱禅衣、榫卯结构、记里鼓车等，无一不是凝聚劳动人民勤劳智慧的伟大成果。

中华民族用劳动创造了生活、创造了灿烂文化，铸就了五千多年源远流长的灿烂文明，书写了生生不息的中华民族史诗。

劳动是人类社会进步的不竭动力。从古至今，无数的劳动者用自己的智慧和汗水，推动着社会的变革和发展。他们用双手铺设道路、修建建筑、发展科技、繁荣文化，为人类文明的进步做出了卓越贡献。正因如此，人类社会才能从茹毛饮血的远古时代一步步走向现代文明。

千年水利奇迹——都江堰

在中国四川省的青山绿水之间，藏着一个令人叹为观止的水利工程——都江堰 (见图 1-9)。它是全世界至今为止年代最久、唯一留存、以无坝引水为特征的宏大水利工程。都江堰不仅是古代工程师的智慧结晶，更是现代人类与自然和谐共生的典范。

图 1-9

都江堰的故事要追溯到公元前 256 年，当时的蜀郡太守李冰为了应对岷江的水患，决心修建一座能够有效调控水流的水利工程。李冰不仅是一位政治家，更是一位杰出的水利工程师。在当时，水利工程的建设并不是一件简单的事情。李冰和他的儿子李二郎带领着数以千计的工人，克服了重重困难，历时多年，终于完成了这一伟大的工程。李冰父子的智慧和毅力，书写了人类改造自然的壮丽篇章。

都江堰的设计独具匠心，它通过当地西北高、东南低的自然地形，将岷江的水引入周边的农田，实现了灌溉、排洪和防洪的多重功能。工程的核心部分包括分水鱼嘴、引水渠和溢洪道。这一系列精妙的设计，使得都江堰不仅在古代发挥了巨大的作用，而且至今仍然是当地人生活的重要组成部分。

都江堰不仅是一个水利工程，更是一个文化符号。它承载着人类的智慧与勤劳，象征着人与自然和谐共生的理念。都江堰的成功，使得四川成为"天府之国"，农业生产力大幅提升，经济繁荣发展。

联合国教科文组织将都江堰列为世界文化遗产，正是对这一伟大工程历史价值和文化意义的高度认可。

四、劳动的类型

劳动的类型多种多样，对于高职学生来说，重点把握自我服务劳动、家务劳动、校务劳动和公益劳动四种劳动，不仅能感受到劳动的快乐，更能获得精神上的满足感，培养热爱劳动的习惯和吃苦耐劳的精神。

1. 自我服务劳动

自我服务劳动是学生劳动的基础形式。"自我服务，这是最简单的一种日常劳动，劳动教育一般都从自我服务开始，而且日后不管每个人从事何种生产劳动，自我服务都将成为他的义务和习惯。"通过自我服务劳动的磨砺，可以培育学生自我生存的能力。

自我服务劳动不只是为了自我的生活，还要关注他者的价值诉求，促进他者利益的实现。只有当学生感受到成人之美时，其才会感受到美与丑的差别，劳动才会进入其精神生活。自我服务，包括洗衣服、叠被子、整理个人用品等，是培养学生遵守规则、服务他人的义务感、责任感的重要方式。

劳动小百科

你会洗头发吗？

人的头发一般有 10 万根左右，颜色各异，黑色、金黄色、棕色等，头发颜色的不同是由于其所含金属原色不同，我国人群的头发以黑色居多，黑发含有等量的铜、铁和黑色素。

头发从下向上，分为毛乳头、毛囊、毛根和毛干四个部分，前三个部分在头皮表层以下，也决定了头发的生理特征和机能。

毛囊的健康决定了发质状态，而正确的洗发步骤正是维护它的第一道防线。

(1) 洗前梳一梳。

用宽齿缝、圆头梳子（最好是木梳，这样不起静电，不伤头皮）梳理头发，可在头皮处稍稍用力，以使得头皮的污垢和灰尘浮于表面。

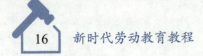

(2) 调节水温。

水温一般以33～39℃之间为佳，最适宜的水温为36.7℃，与人体的体温保持一致。

(3) 摆好姿势。

建议洗发最好的姿势是站立或坐着，弯腰洗头时容易脑供血不足，浴室那么滑，万一头晕摔倒就不好啦。

(4) 洗发液哪家好？

应尽量避免使用碱性过大的洗发液，以防止破坏皮脂腺分泌的油脂形成的保护膜，最好同时使用护发素，以保护头发免受损伤。

当然洗发液不能使用过多 (短发一般使用2～6 ml；中等长度一般使用4～8 ml；长发不超过10 ml)，自己可根据情况进行选择。

(5) 洗发的手法。

用洗发液揉搓头发大约20次 (当然前提是要洗干净)，3～5分钟，可以使用指腹进行按摩 (而不是用指尖刮抓)，清洁洗发液要彻底，确保发根和头皮没有残留。

(6) 要用护发素。

取少许护发素涂抹于发尾，切勿涂抹于发根部，以防止护发素的化学物质渗入打开的毛囊中。轻微揉搓后，即可冲洗干净。

(7) 怎么吹干头发？

最好自然风干头发，如果必须使用吹风机，不要使用强风，以20厘米的距离为佳。吹干头发时，应吹头皮，发梢稍微吹吹就好，这样既不易感冒，还会使得头皮干爽不油腻。

(8) 多久洗一次头发最好呢？

健康的头发每周洗2～3次就可以！(当然前提是保持头发干净，如果脏了，随时清洗) 洗头发并不会导致脱发。

脱发严重的多见于油性发质，常见于脂溢性体质，头发偏油性，才会导致脱发较多。

洗发与脱发并没有因果关系。正常情况下，每天自然脱落的头发为50～100根，如果洗发水选择不当，或清洗时手法过于粗暴，也会增加头发的脱落。

2. 家务劳动

德国著名教育家福禄培尔在劳动等相关活动的表述中，强调了劳动等各种活动的教育意义，并给予高度的评价。他主张，家庭里的共同劳动和家庭成员之间的相互帮助是家庭共同生活的基础。同时，他认为做事、劳动等各种活动是人认识自己的唯一途径。家庭作为学生成长的根基，家庭的劳动方式对于学生的健康成长有着重要的影响。家务劳动能够使学生获得他们内在所需要的和有教化意义的东西。通过打扫卫生、烹饪等家务劳动，学生可以体会父母的不易，体验劳动的价值，感知生活的意义。

参加家务劳动能带来多方面的成长，具体包括以下内容。

(1) 提升劳动技能：通过参与家务劳动，可以掌握一定的劳动技能，如烹饪、整理、洗衣等。

(2) 养成勤劳的习惯：经常参与家务劳动有助于养成勤劳自立的习惯。

(3) 锻炼意志力：从事家务劳动可以经历克服困难的过程，锻炼和增强意志力。

(4) 积极的休息方式：在紧张的学习之余，参与家务劳动是一种积极的休息方式，有助于调节大脑机能，促进身心健康。

(5) 减轻家庭负担：通过分担家务，可以减轻家庭成员的负担，尤其是当父母工作压力大时，能够让他们轻松一些。

(6) 增进家庭成员间的关系：共同完成家务劳动可以增进家庭成员间的合作与沟通，加深彼此的感情。

(7) 培养责任感：参与家务劳动有助于培养个人的责任感，认识到自己在家庭中的角色和责任。

(8) 提升独立生活能力：通过参与家务劳动，可以提升个人的独立生活能力。

参与家务劳动是一个多赢的过程，不仅对个人有益，也对家庭和社会有积极的影响。

列 宁 做 家 务

无产阶级革命导师列宁的工作十分紧张、繁忙，但只要回到家中，他总会主动争取多干些家务活。

有一次，列宁正在工作室写一篇讲话稿，突然听到岳母在厨房里对他的夫人克鲁普斯卡娅说："面包吃完了，喝茶都没有面包，该买了。"克鲁普斯卡娅说："我马上就去买！"列宁听到后，立即穿上外衣，从工作室来到厨房门口说："要买面包吗？这应该我去。"他还埋怨克鲁普斯卡娅不让他参加家务劳动，说由他负责买面包是早就约定好了的。于是列宁到附近的面包铺把面包买回来，然后回工作室继续写作。

3. 校务劳动

校务劳动是指学生参加学校组织的劳动活动，如打扫卫生、植树等活动。校务劳动可以激发学生的劳动热情，培育学生的劳动意识，进而引导学生逐渐认识劳动的意义。这样的劳动，不仅能引导学生为他人、为集体服务，也可以增强学生的集体意识，培育学生的荣誉观念，使学生逐步由自我走向他人，由个体走向群体，从而丰富学生的心灵，充实学生的精神生活。

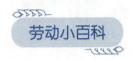

劳动小百科

校务劳动的内容

校务劳动主要包括以下内容。

(1) 日常清洁劳动。这是学校劳动活动的基础，通常包括教室、走廊、操场等公共区域的日常清洁工作。通过参与扫地、拖地、擦窗户等劳动，学生不仅能养成保持卫生的好习惯，还能增强责任感和团队合作意识。

(2) 校园绿化劳动。这是学校劳动活动的重要组成部分，这类活动通常包括植树、浇花、修剪草坪等绿化工作。通过参与这些劳动，学生可以了解植物的生长规律，培养爱护环境的意识，同时也能感受到劳动带来的成就感。

(3) 校内志愿服务。这类活动通常包括整理图书、生态环保宣传、普法宣传等，这些活动旨在全面贯彻新时代党的教育方针，充分发挥劳动育人价值，引导学生树立正确的劳动观，崇尚劳动，尊重劳动，增强对劳动人民的感情，报效国家，奉献社会，成为德智体美劳全面发展的社会主义建设者和接班人。

4. 公益劳动

苏联教育实践家和教育理论家苏霍姆林斯基认为："一个学生在用自己的劳动挣得第一次工资之前，应该大量经历为社会创造物质财富而无报酬劳动的精神体验。"

公益劳动是指直接服务于公益事业、不取报酬的劳动。学生参加公益劳动可以更好地体会社会劳动的幸福和快乐，可以培养良好的道德品质，可以完善善良的品格，永葆无私、感恩之心。公益劳动为培育学生的社会性创造了极其有利的条件。公益劳动能够帮助学生走出课堂，拓宽学生的眼界，感受生活的各个方面。学校可以定期组织学生去敬老院进行义务劳动，同时，定点联系孤寡老人、社会弱势群体等需要帮助的人，帮助他们解决劳动问题，如擦玻璃、洗衣服、扫院子等。另外，学校应鼓励学生参加社区服务、义务捡拾垃圾、保护环境等公益劳动，带领学生分享公益劳动的价值，体验公益劳动的快乐。

"上海奶奶"沈翠英

沈翠英是上海第四聋哑学校的一名退休教师，也是上海聚爱实业公司的创始人，曾获中华慈善奖和全国道德模范提名。2008年汶川大地震发生后，已经退休的沈翠英和家人经过协商，决定把位于上海市徐汇区一套147.8平方米的三房两厅产权房进行拍卖，拍卖所得的450万元的房款全额捐给了四川省都江堰市原柳街小学。为弘扬沈翠英的大爱精神，经当地政府批准同意，柳街小学被命名为"尚慈翠英小学"，沈翠英被学生们亲切地称为"上海奶奶"。

沈翠英经常说："对我来说，生命的意义在于设身处地替人着想，忧他人之忧，乐他人之乐，我只想多为人民做些好事。"沈翠英是这样说的，也是这样做的。她积极响应上海市委市政府的号召，投身公益助农事业，投入千万元资金支持都江堰农业发展，助力建成千亩猕猴桃种植基地，成立聚爱实业公司，帮助都江堰猕猴桃打通销路、打响品牌，并将帮扶范围拓展到云南贫困地区，带动农民增收致富。

不幸的是，2023年10月，"上海奶奶"沈翠英病逝。在生命的最后时间里，她仍然牵挂着学校的孩子们，牵挂着农产品的销路。令人欣慰的是，沈翠英的孙子朱纪扉毅然接过了爱心接力棒，继续延续"上海奶奶"的公益精神。

知识拓展

"劳动"一词的来历

汉字的产生，源于生活，源于生产实践，源于对社会生活的观察，源于自然，源于对自然规律的发现。

"劳"，繁体字为"勞"，由"炏""冖"和"力"造出，整体像在火光下奋力劳作的样子。本义就是向上加力。引申为勤劳、努力、辛勤、辛劳。《易经·兑卦》曰："说（悦）以先民，民忘其劳。"《史记·孝文本纪》曰："朕亲郊祀上帝诸神，礼官议，毋讳以劳朕。"《庄子·天运》曰："是犹推舟于陆也，劳而无功。"《孟子·滕文公章句上》曰："或劳心，或劳力；劳心者治人，劳力者治于人。"

"动"的繁体"動"由"重"和"力"组成,指手臂用"力"推"重"物而起。简体"动",由"云"和"力"组成,取"力"推物体如"云"般流"动"之意。本义为行动。

劳动作为双声词组合,最早出现于《庄子》。后衍生出更多词义。① 活动身体。例如,《庄子·让王》:"春耕种,形足以劳动;秋收敛,身足以休食。"② 精神或肉体为换取利益而活动。例如,"每天人们劳动来赚取生活所需。"③ 扰乱。例如,《移蜀将吏士民檄》:"劳动我边境,侵扰我氐羌。"④ 劳累、烦劳。例如,《三国志·魏书·陈思王植传》:"何事劳动銮驾,暴露于边境哉?"⑤ 感谢他人为自己做事的客套话。例如,《红楼梦》:"贾母笑道:'劳动了。珍儿让出去,好生看茶。'"

★ 活动与评价 ★

活动一：制作小手工，感悟劳动美化生活

剪窗花是中国一种独具特色的民间剪纸艺术。窗花被运用到各种场合,家中有喜事会贴窗花,春节将至大家也会贴窗花,窗花代表着美好的祝福和对未来生活的憧憬。下面就一起来看看如何剪出心形窗花。

(1) 准备好正方形彩色纸、剪刀等材料和工具。

(2) 将正方形纸沿对角线对折,将对折后的三角形再次对折,找出中心点,如图1-10所示。

图1-10

(3) 将一个角在该边的二分之一处折过去,将另一边也折过去沿边对齐,如图1-11所示。

图 1-11

(4) 在折好的纸上用笔画出图案，如图 1-12 所示。

图 1-12

(5) 按照画线剪下，然后将纸打开，一个漂亮的心形剪纸窗花就完成了，效果如图 1-13 所示。

图 1-13

活动二：制作小美食，体验劳动创造生活

冰粉 (见图 1-14) 是一种传统的夏季清凉小吃，起源于四川省。其有生津解暑、清凉降火之功效，因其冰凉香甜、嫩滑爽口、物美价廉而备受人们青睐。下面就一起来动手制作冰粉吧。

(1) 准备材料：冰粉、清水、花生、红糖、芝麻、葡萄干等 (可根据个人口味自行调整)。

(2) 锅里加入适量的清水，煮沸后倒出。

(3) 按照 1∶10 的比例将冰粉粉与开水混合在一起，搅拌均匀。

(4) 把搅拌完的冰粉水放置在一边，直至凝固 (或等水冷却后放入冰箱至凝固)。

(5) 把花生捣碎，把红糖用开水化开，备用。

(6) 用刀把冰粉切开，倒出。

(7) 淋上红糖水，撒上花生碎、葡萄干和芝麻等，一道清凉解暑的冰粉就制作完成了。

图 1-14

【活动评价】

请对上述活动进行评价 (见表 1-1)。

表 1-1 活动评价表

评价内容	评价情况			
	自我评价 (20%)	小组评价 (30%)	教师评价 (50%)	最终评价
活动中的劳动态度情况 (20分)				
活动中的劳动表现情况 (30分)				
活动中的劳动成果情况 (30分)				
活动中体现的团队合作能力 (20分)				

单元二
尊重劳动，端正良好的劳动态度

在我们社会主义国家，一切劳动，无论是体力劳动还是脑力劳动，都值得尊重和鼓励；一切创造，无论是个人创造还是集体创造，也都值得尊重和鼓励。全社会都要贯彻尊重劳动、尊重知识、尊重人才、尊重创造的重大方针，全社会都要以辛勤劳动为荣、以好逸恶劳为耻，任何时候任何人都不能看不起普通劳动者，都不能贪图不劳而获的生活。

——习近平在庆祝"五一"国际劳动节暨表彰全国劳动模范和先进工作者大会上的讲话 (2015 年 4 月 28 日)

一、劳动的意义

劳动是人类特有的有目的、有意识的社会实践活动，是人类社会存在和发展的基础。伟大实践孕育伟大精神，伟大精神引领伟大实践。在长期实践中，人们形成了崇尚劳动、热爱劳动、辛勤劳动、诚实劳动的劳动精神。

习近平总书记指出："劳动创造了中华民族，造就了中华民族的辉煌历史，也必将创造出中华民族的光明未来。全体社会成员应弘扬劳动精神，在崇尚劳动中树立劳动观念，在热爱劳动中培养劳动态度，在辛勤劳动中淬炼劳动能力，在诚实劳动中锻造劳动品德，奏响新时代劳动凯歌，朝着全面建成社会主义现代化强国的奋斗目标不断前进。"

(1) 在崇尚劳动中树立劳动观念。

崇尚劳动就是树立科学的劳动价值观，充分认识到"劳动最光荣、劳动最崇高、劳动最伟大、劳动最美丽"。崇尚劳动的观念自古就流淌在中华民族的血脉之中。劳动创造了物质财富和精神财富。因为劳动，人们拥有了历史的辉煌和如今的成就。从"乡村四月闲人少，才了蚕桑又插田"的农民，到"赧郎明月夜，歌曲动寒川"的工人；从彰显中华灿烂文明的"四大发明"，到凝聚中华民族智慧的"四大名著"；从模范的359旅把"烂泥湾"改造成"陕北好江南"，到英雄的农垦部队把戈壁滩打造成"塞北明珠"；从杂交水稻"禾下乘凉梦""覆盖全球梦"逐步推进，到航天和航母"可上九天揽月，可下五洋捉鳖"成为现实……人们在非凡的征途中铸就了科学的劳动观念，绘就了美妙的劳动画卷（中国第一艘航空母舰"辽宁舰"见图2-1）。

图 2-1

　　只有崇尚劳动，懂得劳动创造价值、劳动创造社会、劳动是值得的，人们才渴望劳动。无论时代如何变化，都要崇尚劳动之风、认可劳动之力、推崇劳动之美。劳动不分贵贱，劳动者都值得被尊重。无论从事的是体力劳动还是脑力劳动、简单劳动还是复杂劳动、集体劳动还是个人劳动、生产性劳动还是服务性劳动，只要能为社会发展作出贡献，就会得到广大人民群众的认可。通过思想宣传、教育引导、实践养成等，崇尚劳动成为全社会的价值共识，才能让劳动者在奋发图强、比学赶超中书写出优秀的劳动考卷，才能为实现中华民族伟大复兴注入源源不断的动力。只有营造尊重劳动和劳动者的文化氛围，才能"唤起工农千百万，同心干"。

　　(2) 在热爱劳动中培养劳动态度。

　　热爱劳动就是培养正确的劳动态度和积极的劳动心理，自觉自愿、积极主动劳动。对劳动的积极心理态度，是创造众多社会奇迹的劳动者所共有的品质。习近平总书记强调："推动全社会热爱劳动、投身劳动、爱岗敬业，为改革开放和社会主义现代化建设贡献智慧和力量。"通过劳动播种希望、收获果实，人们才会热爱劳动。在中国共产党领导下，一代代热爱劳动的劳动者，以信念为峰，不惧登攀；以实践为刃，开拓前行。漫漫人生路，唯有热爱劳动的积极态度不变；悠悠岁月情，唯有热爱劳动的心中之"火"不减。

　　只有热爱劳动，懂得劳动创造美好、劳动创造幸福，人们才会喜欢劳动、愿意劳动。正是基于对劳动的热爱，劳动者才能实现由"要我劳动"到"我要劳动"的转变，这是对马克思"劳动已经不仅仅是谋生的手段，而且本身成了生活的第一需要"理论的升华，体现了劳动本身与人们追求幸福的一致性和耦合度。如今，热爱劳动的种子已在全体中国人民心中播撒。中共中央、国务院《关于全面加强新时代大中小学劳动教育的意见》和《大中小学劳动教育指导纲要 (试行)》对劳动教育教什么、怎么教、如何评等提出了具体要求，让青少年在劳动教育过程中坚守热爱劳动的思想观念，继承和发扬热爱劳动的传统美德。培养热爱劳动的社会风尚，需要加强对劳动者的帮扶和支持，提高劳动要素在初次分配中的占比，提高劳动者收入，让热爱劳动、辛勤劳动的人获得更多的回报，让每一位劳动者都能用劳动开创美好未来，从而提升劳动者的幸福感。如果不能对劳动形成由内而外的热爱，劳动就会异化为外在的束缚和枷锁，人在劳动中就感觉不到幸福。无论身处什么岗位，都不能失去劳动的热情和奋斗的激情。唯有如此，才能在全面建设社会主义现代化国家新征程中创造新的时代辉煌、铸就新的历史伟业。

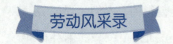

20 余年绕制线圈长度 4 万千米

这位平易近人的大国工匠参加工作的 20 余年间，参与绕制的线圈达到上万个，绕制总长度 4 万千米，能绕地球一整圈。他就是 2023 年大国工匠年度人物——张国云。多年的工作经验让张国云练就了精准控制的绕线本领，总长几万米的铜线手工绕制成重达 20～30 吨的线圈，只要经他的手，都能将每只线圈公差精准控制在 1 毫米以内，而行业标准为 2 毫米。

1999 年，张国云毕业后入职特变电工股份有限公司新疆变压器厂，学习企业供电的张国云对变压器等一系列设备都十分陌生。在师父的帮助下，张国云逐渐了解了变压器是电网这条线路上的一个关键设备，而线圈是变压器的核心部件之一。

意识到自身工作重要性的张国云顿时有了干劲，从一名普通的学徒工到变压器绕线的核心技术员，再到世界首台（套）产品绕制能手，仅用 8 年时间，张国云就完成了其他企业技术人员花费 15 年才能够达到的技术水平，并获得了"全国技术能手"的荣誉。

不满足于现有技术的张国云此后更是一头扎进了创新创造中。在新疆，其他同事上午 10 点上班，张国云始终保持着每天 9 点到岗。遇到技术攻关时，张国云更是废寝忘食，忙到夜里是常有的事。

2018 年，作为国家"西电东送"战略重点工程，世界首条正负 1100 千伏特高压直流输电工程——昌吉—古泉线开始加紧建设。

导线以及里面的线芯，像线圈的毛细血管一样，大型变压器的导线需要焊接起来，就像把毛细血管连接起来一样，这样就会造成难度系数成倍增加。

为此，张国云对上百种线芯逐一采样、分析材质，并进行了多种焊接测试，最终决定采用高频焊接的工艺来实现无接触作业，避免对导线造成损伤，高频焊接通过高频电流实现熔接。在操作过程中，张国云带领团队将线材温度精准控制在 700 摄氏度左右，并将焊枪至焊件的距离控制在 1～2 毫米，每个焊点在几秒钟内迅速完成，成功解决了变压器线圈绕制环节遇到的前所未有的难题。

绕圈对于每一名线圈绕制工来说是一种高重复性的动作，日复一日的导线绕圈工作对大多数人来说可能比较枯燥，但对张国云来说却不是这样，他觉得这项工作越来越有趣。每当看到自己生产出的产品能在全国各地保障万家灯火辉煌，张国云都感到无比欣慰。

(3) 在辛勤劳动中淬炼劳动能力。

　　辛勤劳动描述的是劳动者勤劳而肯于吃苦的劳动状态，表明要充分遵循劳动的客观规律及相应的劳动强度。"民生在勤，勤则不匮。"习近平总书记指出："社会主义是干出来的，新时代是奋斗出来的。"当前，中国人民应更加深刻地认识到美好生活来之不易。百年来，一代代中国共产党人不忘初心、牢记使命，前仆后继、奋力拼搏，带领各族人民用勤劳的双手艰苦卓绝地创造了一个又一个伟大奇迹，锤炼了辛勤劳动、艰苦奋斗的能力、风骨和品质 (八路军第 359 旅开垦南泥湾的情形见图 2-2)。

图 2-2

　　只有辛勤劳动，懂得人间万事出艰辛，人们才会努力付出。"宝剑锋从磨砺出，梅花香自苦寒来。"无论是体力劳动还是脑力劳动，都是一个艰苦奋斗的过程，即所谓"天道酬勤""业精于勤，荒于嬉"。只有勤于奋斗、乐于奉献，撸起袖子加油干，不断锤炼本领、淬炼能力，追求卓越、争创一流，才能开创辉煌事业，彰显精彩人生。要完善按劳分配为主体的分配方式，多劳多得、少劳少得、不劳不得，保障劳动者辛勤劳动的权益，助推劳动公平正义，让辛勤劳动成为新时代最为闪耀的精神坐标。

　　(4) 在诚实劳动中锻造劳动品德。

　　诚实劳动是对劳动者品德的客观规定，是劳动者安身立命之本，表明劳动要实事求是、求真务实、遵纪守法。幸福不会从天而降，梦想不会自动成真。诚实劳动是一种踏实的工作态度、方式和要求，表现为脚踏实地，正视工作中的问题，敢于钻研，善于解决，坚守工作标准，严守职业道德，遵循法律规范。诚实劳动是各行各业不同岗位劳动者的共同职责，是创造美好生活的基本前提，是干事创业的必然要求。

　　只有诚实劳动，懂得真真切切、实实在在、兢兢业业是合格劳动者的本色、底色和根本准则，人们才能"实干"。"空谈误国，实干兴邦。"劳动的光荣源自诚实的付出。只有诚实劳动，久久为功，才能在平凡的岗位上创造出不平凡的成绩。整个社会要从劳动中汲取道德营养，锻造劳动品德，既大力宣传诚实劳动先进事迹和杰出人物，增强舆论正面引导，又对不劳而获、偷奸耍滑、投机取巧的不诚实劳动进行惩处，形成对不诚实劳动的威慑，净化诚实劳动的环境。唯有如此，才能厚植诚实劳动的土壤，在全社会形成诚实劳动的良好风尚。

习近平总书记强调："实现我们的奋斗目标，开创我们的美好未来，必须紧紧依靠人民、始终为了人民，必须依靠辛勤劳动、诚实劳动、创造性劳动。"新时代是劳动者的时代，机遇与挑战并存，希望与困难同在。唯有弘扬劳动精神，崇尚劳动、热爱劳动、辛勤劳动、诚实劳动，才能让劳动精神焕发时代新机，让劳动的涓涓细流汇聚成奋斗强国的磅礴力量，从而实现人生价值，推动时代进步，全面建成富强民主文明和谐美丽的社会主义现代化强国。

劳动风采录

一诺千金，返乡创业报桑梓

他是一位创业勇者，在外打拼30多年，事业有成。然而，为了一句承诺，他放弃了原本舒适的生活，毅然踏上返乡创业之路。

创办家庭养殖场、兴办农村超市，他坚持以信立身、以诚为本、诚信为民，吸纳贫困户就业脱贫，慷慨解囊帮扶乡邻，修路建桥造福桑梓，他用实际行动演绎出"一诺千金"的诚信故事，带领家乡群众在致富的道路上稳步前行——他，就是四川达州渠县青龙镇汤家村育海农业农民专业合作社负责人刘登海。

"诚信是我的立身之本，我不能为了一时的利益而背信弃义。"这些年，刘登海是这样说的，也是这样做的，这种理念在他心中一直根深蒂固。

在经营上，刘登海始终秉持着诚信为本的原则。2020年夏，非洲猪瘟肆虐，刘登海的猪场也未能幸免，损失近百万元，运转难以为继。由于他签订了保险协议，可以获得一定的经济补偿。此时，有人建议他可以多报一些"染病"生猪数量，多获得几十万元的补偿，反正也难以分辨核查。但刘登海坚决不同意，他说："诚信是我的立身之本，我不能为了一时的利益而瞒报欺骗。"事后，了解到该情况的德康集团被刘登海的诚信打动，将其评为"优秀养殖合作户"，与他建立了长期稳定的合作关系。

还有一次，一位外地客商前来采购生猪，由于对市场行情不太了解，给出的价格偏高于当时的市场价。刘登海并没有趁机占便宜，而是坦诚地向客商介绍市场行情，并按照合理的价格与其完成了交易……

正是因为刘登海的诚信经营，他赢得了越来越多客户的信任和好评，事业蒸蒸日上。随着市场的逐步拓展，为拓宽周围乡邻的就业渠道，他又相继兴办了数家农村超市，解决就业近100人。

也正因如此，刘登海先后获得了"达州市诚实守信模范""达州好人"等殊荣。

做生意要讲诚信，做人要有爱心。历经创业阵痛的刘登海，在以诚信赢得信赖取得成功的同时，更是怀着一颗感恩的心，奉献温暖爱心。

以前，汤家村交通不便，山高路陡。由于路基施工难度大，开挖成本高，群众望而却步。了解到这些情况后，刘登海主动掏钱请来挖机，历经1个多月，为村民们修建了6千米的路基，最终让水泥路修到群众家门口，受益人口达100余人。

2020年10月，汤家村1组村民反映，到村委会办事隔河绕路，出行十分不便，迫切需要修建一座便民桥。得知情况后，刘登海第一时间同镇党委和政府联系，主动出资5万元，修好了过河便桥，便利了两岸群众出行。

实际上，像这样造福桑梓的事例在刘登海的身上还有很多。2023年7月，由于干旱，刘登海投入资金18余万元，无偿为200余户群众牵通了自来水，解决了山区部分群众人畜饮水困难的问题。

这些年，刘登海每年都会拿出一些资金，帮扶贫困孤寡老人，资助贫困学生。在他的资助下，汤家村一些困难家庭的子女顺利完成学业，据不完全统计，刘登海这几年的资助金额超10万元。

"这里是我的家乡，他们就是我的家人，让大家的生活越来越好，是我永远的承诺。"刘登海用实际行动不断践行着承诺，带领家乡群众在致富的道路上稳步前行。

二、劳动的价值

1. 劳动最光荣

劳动是光荣的，《中华人民共和国宪法》明确规定："中华人民共和国公民有劳动的权利和义务。"劳动的成果是神圣的，劳动者通过劳动创造满足人类社会进步发展需要的各种产品，从中体会成功和梦想的能量，获得满足感、成就感和尊严感。不论哪种形式的劳动，只要是有益于人民和社会的劳动，都是人类历史发展不可或缺的内容和推动力量，都应该得到承认、保护和尊重。正如习近平总书记2016年4月在知识分子、劳动模范、青年代表座谈会上所说："劳动没有高低贵贱之分，任何一份职业都很光荣。"

只有尊重劳动并崇尚劳动，才能通过劳动创造实实在在的价值。新时代的青少年要崇尚劳动，尊重那些在平凡的工作中做出不平凡业绩的劳动模范。例如，在"新冠"疫情肆虐期间，以钟南山、李兰娟等院士为代表的科学家，舍生忘死的一线医务工作者，以及众多参与抗击疫情的平凡志愿者、人民警察等，都值得青少年好好学习。

当前，我国正在向着全面建成社会主义现代化强国的第二个百年奋斗目标迈进，这是一项前无古人的伟大事业，根本上还是要靠劳动和劳动者创造。以中国探月工程为例，包括港澳地区在内的全国数千家单位、众多科技工作者参与其中，有的来自航天央企和科研院所，有的来自高新技术企业等民营机构。无论是建设科技强国、做强实体经济、保障物流畅通，还是促进服务业繁荣发展，都离不开辛勤劳动、不懈奋斗。

劳动光荣，劳动最美，劳动是一切幸福的源泉。伴随着新一轮科技革命和产业变革，社会分工愈加精细化，劳动空间也极大拓展，从工厂车间、田间地头延伸至大街小巷、网络平台……劳动者施展才华的舞台更加宽广。对奋斗者而言，身处时代和社会的变革之中，虽然面对不同的职业选择，但通过劳动创造社会价值、实现个人价值的事实没有改变，关键是要找准自身定位，发挥个人特长，勇于拼搏，敢于创新。"不惰者，众善之师也。"无论从事何种职业，只有踏实劳动、诚实劳动，才能干出不平凡的业绩，成就闪光的人生。

用行动诠释"汽车人"的工匠精神

每一个男孩子心中都有一个"汽车梦"，从小就对汽车感兴趣的他，立志要与汽车为伴。2001 年毕业后，他来到重庆长安汽车股份有限公司工作，从零开始学习装配，并利用空闲时间仔细研究汽车电器的特性、原理和结构，32 本汽车电器相关书籍、15 个笔记本，他对汽车电器的调试用"狂热"和"痴迷"来形容最合适不过了。他就是 2022 年重庆五一劳动奖章获得者、长安汽车一级技能师、中国兵器装备集团技能带头人、享受国务院政府特殊津贴的李元园。

两江工厂作为长安汽车战略的重要生产基地，在总装二车间 UNI-V 提质上量这场攻坚战中，李元园与团队一起全面介入、主动担当，为工厂新车型、新技术、新功能维修技术攻坚克难，将维修操作方法、经验和技巧编写成培训教案和课件。

他建立智能化体验评价标准，以客户视角改善产品质量，并坚持以合理化建议、精益改善为平台，积极融入质量改进和新品问题整改工作，解决制约质量提升的瓶颈问题；深入开展改良改善、技师攻关、质量问题排查等降本增效活动，并取得了突出成绩。他牵头实施完成了 10 余项技师攻关项目，为公司节约成本 200 余万元。

面对公司、工厂智能制造转型变革，李元园创新突破，牵头组织开展两江工厂智能化人才培训，初步拟定整车电控系统、综合电检开发、数据平台应用等 10 多种课程。通过对智能化人才不断赋能，助推工厂生产目标达成。

他深切知道"没有完美的个人，只有完美的团队"。作为技能带头人，他充分发挥传、帮、带作用，潜心培养调试技能人才，以理论联系实际的方式缩短高技能人才培养周期，使学员获得"兵装集团技能带头人""重庆市青年岗位能手""市级技能大赛一等奖"等荣誉。

始终对产品负责，对电器调试敬畏，"园"满解决问题，是李元园坚守的信仰。2016 年，李元园享受国务院授予颁发的政府特殊津贴，2017 年被评为全国"最美汽车人"。

汽车时代在变革，但工匠精神永不过时。作为一名普通的汽车装调工人，李元园勤勉扎实地奋战在生产第一线，用不屈不挠的精神，用精益求精和一丝不苟的态度倾情诠释着新时期汽车人的"工匠精神"。

2. 劳动最崇高

苏联教育实践家和教育理论家苏霍姆林斯基曾说过："劳动的崇高道德意义还在于，一个人能在劳动的物质成果中体现他的智慧、技艺、对事业的无私热爱和把自己的经验传授给同志的志愿。"

习近平总书记在全国劳动模范和先进工作者表彰大会上指出："在长期实践中，我们培育形成了爱岗敬业、争创一流、艰苦奋斗、勇于创新、淡泊名利、甘于奉献的劳模精神，崇尚劳动、热爱劳动、辛勤劳动、诚实劳动的劳动精神，执着专注、精益求精、一丝不苟、追求卓越的工匠精神。"劳模精神、劳动精神、工匠精神是以爱国主义为核心的民族精神和以改革创新为核心的时代精神的生动体现，是鼓舞全党全国各族人民风雨无阻、勇敢前进的强大精神动力。

劳动风采录

火箭"心脏"焊接人——高凤林

1962 年出生的高凤林，是中国航天科技集团公司第一研究院 211 厂发动机车间班组长。几十年来，他几乎都在做着同样一件事，即为火箭焊"心脏"——发动机喷管焊接。有的实验需要在高温下持续操作，焊件表面温度达几百摄氏度，高凤林却咬牙坚持，双手被烤得鼓起一串串水泡。因为技艺高超，曾有人开出高薪加两套北京住房的诱人条件聘请他，高凤林却说："我们的成果打入太空，这样的民族认可的满足感用金钱买不到。"他用数十年如一日的坚守，诠释了一个航天匠人对理想信念的执着追求。

极致：焊点宽 0.16 毫米，管壁厚 0.33 毫米

38 万千米，是"嫦娥三号"从地球到月球的距离；0.16 毫米，是火箭发动机上一个焊点的宽度；0.1 秒，是完成焊接允许的时间误差。在中国航天，高凤林的工作没有几个人能做得了，他给火箭焊"心脏"，是发动机焊接的第一人。

焊接这个手艺看似简单，但在航天领域，每一个焊接点的位置、角度、轻重，都需要经过缜密思考。

专注：为避免失误，练习十分钟不眨眼

高凤林说："在焊接时得紧盯着微小的焊缝，一眨眼就会有闪失。如果这道工序需要十分钟不眨眼，那就十分钟不眨眼。"

焊接不仅需要高超的技术，更需要细致严谨。动作不对，呼吸太重，焊缝就不均匀了。从姿势到呼吸，高凤林从学徒起就接受着最严苛的训练。戴上焊接面罩，这只是一个普通的操作动作，但是对高凤林来说，却是进入一种状态。

坚守：80% 的时间给了工作

每每有新型火箭诞生，对高凤林来说，就是一次次技术攻关。最难的一次，高凤林泡在车间，整整一个月几乎没合眼。高凤林的时间 80% 给工作，15% 给学习，留给家庭的只有 5%。只要有时间，他就会陪老人，接孩子。

高凤林说："每每看到我们生产的发动机把卫星送到太空，就有一种成功后的自豪感，这种自豪感用金钱买不到。"正是这份自豪感，让高凤林一直以来都坚守在这里。

匠心：用专注和坚守创造不可能

火箭的研制离不开众多的院士、教授、高工，但火箭从蓝图落到实物，靠的是一个个焊接点的累积，靠的是一位位普通工人的咫尺匠心。

每天，高凤林都是最后一个下班，离开前，他都会回头看一看。那些摆着的元件金光闪闪，就像一个艺术品，很完美。"它是我们的金娃娃，是我们手下产生的东西。"高凤林说。

专注做一样东西，创造别人认为不可能的可能，高凤林用他的坚守，诠释了一个航天匠人对理想信念的执着追求。

3. 劳动最伟大

劳动是人类的本质活动，是推动人类社会进步的根本力量。马克思指出："任何一个民族，如果停止劳动，不用说一年，就是几个星期，也要灭亡。"劳动光荣、创造伟大，

是马克思主义劳动观的基本观点，是对人类文明进步规律的重要诠释，也是深深植根于中华民族血脉的精神基因。

岗位意味着责任，劳动者们有的在工地里挥汗如雨，有的在手术台前紧张操作，有的在实验室内凝神静思……为了祖国利益和人民福祉，为了社会的正常、顺畅运转，他们以卓越的劳动创造、忘我的拼搏精神，为全社会树立了光辉的学习榜样。从"宁愿一人脏，换来万家净"的掏粪工人时传祥到摘取数学皇冠上明珠的陈景润，从港口装卸自动化的创新者包起帆到做着"禾下乘凉梦"充实天下粮仓的袁隆平，他们共同铸就了"爱岗敬业、争创一流，艰苦奋斗、勇于创新，淡泊名利、甘于奉献"的精神丰碑。

没有劳动者在岗位上的无私坚守，没有扎扎实实劳动付出的汗水，实现中华民族伟大复兴的中国梦无从谈起。南泥湾的开荒、黑土地的耕耘、超级稻的攻关，把浩瀚原野变成万顷良田，让十几亿中国人把饭碗牢牢端在自己手里。华为中兴的探索、南车北车的突破、北京中关村的创新创业，推动"中国制造"不断迈向"中国创造"。一代代劳动者开拓进取、砥砺前行，绽放了一个民族的创新精神。点点滴滴的奉献如涓涓细流汇成奔涌大河，缔造出一个充满活力的现代中国，铺展了这个伟大时代的精彩画卷。

劳动风采录

练就平均每刀 0.003 毫米的"肌肉记忆"

"我这辈子都忘不掉那种快脱力的感觉。"回想起 2021 年 10 月 16 日的场景，孟凡东仍然很激动。那天，在第七届全国职工职业技能大赛决赛赛场上，历经 6 个小时，凭借娴熟的实操技能，这位"00 后"参赛选手一举夺魁。

"学习技能没有捷径，唯有靠日复一日的积累和苦练。"2015 年，孟凡东进入徐州工程机械技师学院学习。2020 年，孟凡东从学校毕业后，顺利进入徐州重型机械有限公司。当得知公司要进行第七届全国职工职业技能大赛选手选拔时，他毫不犹豫地报了名。

为了夯实钳工基础，他日复一日进行练习。早晨 5 点，是他起床背书的时间；7 点，开始实操训练；10 点到下午 4 点，是和比赛节奏一致的临场实测。"为了保证精力高度集中，我吃、住都在钳工工作室里。"他回忆道。下午 6 点半至深夜，他又进入理论知识复习阶段。

为了训练锉削时双手的敏感度，他对每一刀切削都用明确的数据指标衡量——锉刀精加工锉削 3 次，切屑量控制在 0.01 毫米。这意味着，他必须练成平均每刀 0.003 毫米的"肌肉记忆"。从料峭春寒到炎炎夏日，那小小的钳工操作台见证了冠军之路的艰辛。

在比赛之外，孟凡东秉持着"再努力一点，就会离成功更近一点"的理念，力求在工作中做到每台经手调试的车辆都零故障。大吨位起重机结构复杂，调试极其困难，但他从不畏惧。根据调试过程中遇到的难点、易错点，他总结制作出 10 余套试卷，为大吨位调试新进人员培养提供了翔实的训练模板。

如今，孟凡东已是省级"李戈技能大师工作室"的骨干成员。2021 年 9 月，他荣获"江苏省五一创新能手"称号；同年 10 月，荣获"全国技术能手"称号。

孟凡东说："未来，希望能够不断磨砺技能、突破自己，继续朝着'大国工匠'目标矢志前行！"

4. 劳动最美丽

勤劳是中华民族传统美德。千百年来，中华儿女依靠自己的智慧和勤劳的双手，创造了幸福美好的生活。

人世间的一切成就、一切幸福都源于劳动和创造。回望历史，王进喜率领钻井队以"宁肯少活二十年，拼命也要拿下大油田"的意志和干劲，创造了年进尺 10 万米的世界钻井纪录；产业工人许振超苦练技术，练就绝活，先后 6 次打破集装箱装卸世界纪录……一代代劳动者，用拼搏奋斗实现人生梦想，以爱岗敬业为国家发展添砖加瓦，让全社会感受到了劳动的力量、榜样的力量、精神的光辉。今天，随着经济社会发展，劳动的方式在发生变化，但劳动的意义始终不变，"劳动开创未来"的道理永不过时。

三百六十行，行行出状元。正如一位建设者所言："每个岗位有每个岗位的责任，每个职业有每个职业的担当，靠的都是一个'勤'字。"只要肯学肯干肯钻研，练就一身真本领，掌握一手好技术，每个人都能在劳动中发现广阔的天地，在劳动中体现价值、展现风采、感受快乐。

劳动者最美丽，奋斗者最幸福。劳动者始终以高度负责的主人翁精神、昂扬向上的奋斗者姿态，在各个领域施展才华，在各条战线建功立业，用辛勤劳动、诚实劳动、创造性劳动，推动了全社会的发展。快递小哥、公交司机、建筑工人、人民警察、社区工作者等，每一位劳动者都在努力奔跑，都在用汗水和智慧书写着属于自己的无悔人生。

习近平总书记强调："中国人民自古就明白，世界上没有坐享其成的好事，要幸福就要奋斗。"新时代是奋斗者的时代，更是追梦人的舞台。无数奋斗者用实际行动证明，有梦想，有机会，有奋斗，一切美好的东西都能够创造出来。

劳动风采录

把"建昌帮"传统中药技艺传承光大

　　江西省抚州市建昌帮药业传统炮制车间内，身穿蓝色工作服的陈小兰一手用槟榔榉固定好拇指大小的槟榔籽，一手紧握铡刀，快速切制着。108片切片眨眼而成，薄厚均匀。

　　陈小兰是企业的生产操作员，因技艺精湛，她在行业竞赛中屡获大奖，多次被评为生产标兵，还曾荣获江西省五一劳动奖章。

　　陈小兰原本是名地地道道的农家妇女。2013年，她举家搬进了县城，看着整日早出晚归为家奔忙的丈夫，她决定找一份容易上手的工作。她先是去了一家服装厂，后经朋友介绍，她"跳槽"来到建昌帮药业有限公司。

　　为尽快掌握传统中药技艺精髓，她每天跟在老员工后面，连眼睛都不眨地盯着他们操作，哪里看不明白就上前请教，听不懂的就记下来回家思考，消化琢磨。由于文化底子薄，陈小兰起初在理解炮制工艺要求上很是吃力。她暗下决心，一定要尽快熟悉流程要领。周末，别人去休闲娱乐，她却忙着钻进车间，反复练手。碰上三伏天，车间又闷又热，她一站就是几个小时，每次练完都是汗流浃背。中药提取、饮片炮制来不得半点虚功。切、浸、煎、滤，陈小兰对待每一步都一丝不苟。

　　在2018年公司举行的技术"比武"中，她技压群雄，在切药、炒药等单项中斩获桂冠。

　　"没有活水，再好的技艺也流动不起来，传承的关键是长江后浪推前浪。"2021年，陈小兰主动请缨承担起对6名青年员工的"传帮带"教学，"传经送宝"，企业内形成了"争创学习型、知识型、创新型职工"的氛围。

　　"现在医药行业讲究团队作战、互相配合。只有让更多人熟练掌握传统中药技艺要领，传承发扬光大，中医药才能走得更远。"陈小兰说。

知识拓展

国际劳动节的来历

　　国际劳动节，又称"五一国际劳动节""国际示威游行日"，定在每年的五月一日，它是全世界劳动人民的共同节日。

劳动节源于美国芝加哥的工人大罢工运动。1886 年 5 月 1 日，美国芝加哥的 21 万余名工人为争取实行八小时工作制而举行大罢工，经过艰苦的流血斗争，终于获得了胜利。为纪念这次工人运动，1889 年 7 月 14 日，由各国马克思主义者组织的社会主义者代表大会 (即第二国际——社会主义国际成立大会) 在法国巴黎隆重开幕。会议一致同意把 5 月 1 日设立为国际无产阶级和劳动者的共同节日——国际劳动节。这一决议得到世界各国工人的积极响应。

1890 年 5 月 1 日，欧美各国的工人阶级率先走向街头，举行盛大的示威游行与集会，争取合法权益。从此，每逢这一天，世界各国的劳动人民都要集会、游行，以示庆祝。

1918 年，中国的一些知识分子在上海、苏州、杭州、汉口等地向群众散发介绍"五一"的传单。

1920 年 5 月 1 日，北京、上海、广州、九江、唐山等各工业城市的工人群众浩浩荡荡地走向街市，举行了声势浩大的游行、集会。在这一天，《新青年》杂志推出了"劳动纪念号" (封面见图 2-3)，李大钊专门在该纪念号上发表了《"五一"运动史》，介绍"五一"节的来历和美法等国工人纪念"五一"的活动，号召中国工人把这年的"五一"作为觉醒的日期。陈独秀也为庆祝这个节日发表了《上海厚生纱厂湖南女工问题》一文，揭露资本家剥削工人剩余价值的真相。陈独秀又在上海船务栈房工界联合会作了《劳苦者的觉悟》的演说，阐明了"劳动创造世界""做工的人最有用最贵重"的观点。

图 2-3

在北京，一些青年外出宣传、散发《五月一日劳工宣言》，呼吁工人为反对剥削、争取自身权利而斗争。这是中国首次纪念"五一"国际劳动节的活动，也是中国历史上的第一个"五一"劳动节。

中华人民共和国成立以后，中央人民政府政务院于1949年12月做出决定，将5月1日确定为劳动节。

活动与评价

活动一：参加校园劳动

参加校园劳动有利于培养学生奋斗、奉献的劳动精神，增强校园主人翁意识和集体责任感，展现学生热爱劳动、勇担责任、热心志愿服务的风采。

(1) 清理校园垃圾，建设美丽校园。

(2) 宣传垃圾分类知识，增强师生环保意识。

(3) 担任图书整理员，弘扬志愿服务精神。

活动二：参与志愿服务

志愿服务是指在不求回报的情况下，为改善社会、促进社会进步而自愿付出个人的时间及精力所做出的服务工作。新时代的青年学子应当坚定自己的理想信念，乐于奉献，积极投身志愿服务，践行"奉献、友爱、互助、进步"的志愿精神。

(1) 走进社区，服务居民。例如，关心关爱孤寡老人、打扫社区卫生、宣传垃圾分类知识、开展普法宣传等。

(2) 利用专业知识，开展社会服务。充分发挥青年学生的专业优势，开展义务体检、歌舞表演、作业辅导等活动，为社会进步做出应有的贡献。

(3) 开展"三下乡"社会实践活动。例如，护理专业学生开展健康义诊活动；教育类专业学生开展"推普助力乡村振兴，童心乐享假日课堂"活动；经济管理类专业学生开展防金融诈骗宣传活动；艺术类专业学生开展文艺汇演活动等。

【活动评价】

请对上述活动进行评价（见表2-1）。

表2-1 活动评价表

评价内容	评价情况			
	自我评价 (20%)	小组评价 (30%)	教师评价 (50%)	最终评价
活动中的劳动态度情况 (20分)				
活动中的劳动表现情况 (30分)				
活动中的劳动成果情况 (30分)				
活动中体现的团队合作能力 (20分)				

单元三

学会劳动，培养优良的劳动素质

劳动是财富的源泉，也是幸福的源泉。人世间的美好梦想，只有通过诚实劳动才能实现；发展中的各种难题，只有通过诚实劳动才能破解；生命里的一切辉煌，只有通过诚实劳动才能铸就。劳动创造了中华民族，造就了中华民族的辉煌历史，也必将创造出中华民族的光明未来。

——习近平在同全国劳动模范代表座谈时的讲话 (2013 年 4 月 28 日)

一、合法劳动

1. 合法劳动的含义

合法是指符合法律规定，不从事法律所禁止的行为。合法可以从广义和狭义两个角度去理解。广义的合法行为，即法治意义上的合法行为，指法律未禁止的一切行为。实际上就是法律允许的、不加追究的行为。狭义的合法行为，即法律意义上的合法行为，指主体在个人意志支配下实施的，符合法律规范的，对社会有益或至少无害，从而受法律保护的行为。

合法劳动，即用人单位依法制定的各项劳动规章制度适用于劳动者，劳动者受用人单位的劳动管理，从事用人单位安排的有报酬的劳动。合法劳动包含以下内容：劳动者达到法定年龄，年满十六周岁；劳动者具有劳动行为能力，具备能以自己的行为行使劳动权利和履行劳动义务的资格；用人单位和劳动者符合法律法规规定的主体资格；用人单位自用工之日起即与劳动者建立劳动关系，用工当天就应该跟劳动者签订书面劳动合同。

《中华人民共和国劳动法》第三条规定："劳动者享有平等就业和选择职业的权利、取得劳动报酬的权利、休息休假的权利、获得劳动安全卫生保护的权利、接受职业技能培训的权利、享受社会保险和福利的权利、提请劳动争议处理的权利以及法律规定的其他劳动权利。"

近年来，随着我国经济的发展，人民生活水平不断提高，国民素质大幅提升，人们的法治观念也逐渐增强，人们更加注重保护个人信息，并积极维护和保障个人权利。作为高职生，应该多学习法律知识，在学习、生活和未来工作中防微杜渐、警钟长鸣，既依法保障自身合法权益，又尊重所参与劳动活动的秩序，履行作为劳动者应尽的义务。

2. 谨防落入"陷阱"

寒暑假期间，许多同学会外出做兼职。假期兼职不仅能帮助同学们接触社会、锻炼能力，还能赚取生活费，是在校期间常见的社会实践形式。毕业后，同学们也会结合专业和社会需求，谋求职业发展。但是，因缺乏社会经验，学生在兼职或求职时应格外谨慎，谨防落入各种"陷阱"。

1) 传销陷阱

传销是指组织者或经营者通过发展人员，要求其以缴纳费用或者购买商品等方式，取得加入或发展他人的资格，牟取非法利益的行为。传销一般以亲友极力推荐的途径传播，基本以轻松赚大钱、无需面试直接上岗为噱头。不少传销组织打着"连锁销售""特许经营""直销"等幌子，或以"国家搞试点""响应西部大开发号召"等名义诱骗在校生参与传销活动。在形式上，传销组织也由此前的"发展下线"改为"网上营销"方式，打着"电子商务""网络直销"等旗号利用互联网进行传销诈骗，其违法活动更加隐蔽，传播范围也更为广泛。

同学们务必清醒认识到，传销属于违法行为，在求职中要了解传销的基本特征，对发展下线的宣传要保持头脑高度清醒，防止陷入传销设计的圈套中。如果不慎进入传销组织，在确保人身安全的前提下，第一时间脱身报警。

近年来，一些诈骗分子打着"高薪兼职""点击鼠标就赚钱""刷单返现"等幌子进行诈骗。其特点是门槛较低，号称"轻松兼职、薪酬丰厚"。同学们不要轻信既轻松又赚钱的事，应当多了解当前岗位的市场薪资水平，明白"天上不会掉馅饼"。同时，注意个人信息安全，不要轻易泄露银行卡、网银、支付宝等密码信息，不要随意打开陌生网址链接。

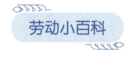

劳动小百科

谨防传销陷阱

学生应注意以下几方面，避免落入传销陷阱。

(1) 选择实习单位时，注意看对方是否有正规执业牌照。

(2) 面试时，对公司的营业运作模式进行判断，看其是否存在虚假状况。如果企业在面试过程中对你的交友、家庭情况等比对职业技能、实习经历更感兴趣，应有所警惕。

(3) 一旦对方要求缴纳一笔入门费或者要求发展其他成员加入并允诺给予报酬时，要警惕其可能为传销组织。

(4) 很多传销活动都是通过亲朋好友或同学进行的。如果有长期没有联系的亲友、同学突然联系你，邀请你去异地工作，或者有其他异常行为，需提高警惕。

(5) 传销的面试或工作地点通常比较偏僻且转换频繁。面试时，若感觉异常，不要慌张，可以用上厕所、学校有事等借口先行离开，以保障自身安全。

2) 培训陷阱

一些非法公司招聘时以"先培训，拿证后上岗"为由，骗取求职者的培训费、考试费、证书费等各种费用。实际情况往往是，求职者完成一段时间的培训及考核后，公司便不知去向，或被告知"很遗憾，考试未通过，不能上岗"。遇到需要培训上岗的公司时，应先了解培训机构是否正规，在网上查看之前参加培训的学员的评价，评估培训质量，再决定是否参加。

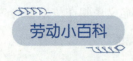

教育培训行业五大陷阱

(1) 缺乏正规的教学资质。很多培训机构利用学员的信息盲区，在不具备培训资质的情况下与学员玩起"文字游戏"，使学员权益得不到保证。根据国家相关规定，培训机构要进行招生办学，必须具备国家颁发的办学资质，并且需要定期年检。现实中，有的培训机构违背相关法律法规，盲目追求市场利益，无证经营。

(2) 虚假宣传，费用虚高。有的培训机构利用虚构与名师院校合作等手段来欺骗学员，虚假宣传，夸大卖点。为招揽生源，其肆意夸大培训效果，诱导学员缴纳巨额培训费。

(3) 质量没保证，内容华而不实。不少培训机构为降低成本、谋取暴利，没有固定的师资、设施场所，对教育培训的质量效果以及承诺服务毫不关心、毫无保证。

(4) 准入门槛低，隐藏风险较大。近年来培训学校"跑路"现象频发。由于经营不善，它们不但无法保证教学质量，甚至时间不久就倒闭了，报名学员无法得到相关的后续服务。

(5) 合同不规范，纠纷调解难。为笼络生源，培训机构在宣传时往往做出各种承诺，但合同条款不明，事后以各种理由拒绝履行。很多学员缴费后无培训协议也无收费发票，收费容易退费难。一旦有纠纷，学员往往只能"哑巴吃黄连"。有的培训机构甚至与学员签订霸王条款，使得后期退费问题的解决难上加难。对学员而言，不仅赔进了钱财，更耽误了学习时间，权益受损严重。

3) 押金陷阱

依据相关法律法规，用人单位招用劳动者，不得扣押劳动者的居民身份证和其他证件，不得要求劳动者提供担保或者以其他名义向劳动者收取财物。例如，用人单位或者中介机构以招聘为名，收取毕业生报名费、服装费、体检费、培训费、押金、岗位稳定金、资料审核费等费用。很多学生求职时不了解相关规定，又求职心切，往往会落入陷阱。

同学们需注意以下两点：一是应聘工作本身并不需要任何费用，对于将先交费作为条件的招聘、面试、实习等，都需要谨慎对待，核实有无收费的法律依据。若交费，一定要求对方出具正规发票并加盖单位公章，为可能发生的纠纷维权保留证据。二是应聘时要注意看应聘单位的规模资质及招聘人员的素质。如果应聘单位只有一张写字台、两把椅子，则需提高警惕。此时，可称自己没有多少钱，或者告诉对方"等我同学来后再商量"，让对方明白自己不是孤身一人。同时，可通过发微信、打电话等方式求助他人，在第一时间离开。

谨防押金陷阱

(1) 入职押金——此种单位要远离。

《中华人民共和国劳动合同法》规定："用人单位招用劳动者，不得扣押劳动者的居民身份证和其他证件，不得要求劳动者提供担保或者以其他名义向劳动者收取财物。"

在求职过程中，有些用人单位会利用自己的强势地位，要求新入职员工交一笔押金，不干满一定时间押金不退。还有的用人单位会以服装费、培训费等名义收取押金。求职者一旦遇到这样的单位，要勇于说"不"，并尽快远离。

(2) 工资押金——随意扣工资违法。

在现实中，有一些单位为防止员工跳槽，会把员工工资的一部分扣下来当作押金，留到年底再发。这种做法也是不合法的。《中华人民共和国劳动法》规定："工资应当以货币形式按月支付给劳动者本人。不得克扣或者无故拖欠劳动者的工资。"

(3) 租房押金——合同约定合法合理。

租房押金的约定要在租房合同中写清楚，如果押金超出常规水平太多或合同显失公平，千万别签。

租房交押金是行业惯例，需要交多少押金，不同用途的房子有所不同。租赁住房一般都是押一付三，也有其他约定，如押一付六、押二付六等。

(4) 住宿押金——与酒店有效协商。

外出住酒店，办理入住手续的时候，前台会让交押金。等退房的时候，押金扣完房费，剩余的予以退还。住宿押金并没有明确金额，一般来说，消费者需要交付相当于或稍大于其预定期间房价的押金。如果超出太多，消费者可与酒店进行有效协商。

4) 中介陷阱

一些非法职业介绍机构会以介绍工作为名，向求职者变相收取各种名目的费用。其典型特征是缺少人力资源服务许可等相关资质，并冒充或伪造相关资质骗取求职者信息。这些非法职业介绍机构即便提供了岗位信息，往往也与需求不匹配，甚至是虚假的就业岗位。其会抓住在校生缺少社会经验、心地单纯等特点，在收取高额中介费后却不履行承诺。这些机构的套路往往是不停拖延，让学生耐心等待，最后不了了之。更有甚者，"打一枪换

"一个地方"，骗取一定中介费后便消失得无影无踪。

同学们在求职时，应当优先选择公共就业人才服务机构和正规市场中介机构；应了解中介的经营范围是否包含职业介绍业务，是否具备人力资源服务许可证；与市场中介机构签订协议时，不要轻信其口头承诺，一定要看清签约的内容，不要盲目签字。

5) 合同陷阱

在签订合同的过程中，个别用人单位为降低用人成本、规避用工责任，会侵犯求职者的合法权益。有的不与劳动者签订书面劳动合同，仅签订《就业协议书》，或以谈话、电话等口头形式约定工作事项；有的合同内容简单，缺少工作地点、工资、劳动条件、合同期限等具体内容；有的以少缴税款为由，同时准备两份不同薪资的"阴阳合同"；有的包含"霸王条款"，如要求几年内不得结婚、无条件服从加班、试用期离职不结算工资等。

相关法律规定，建立劳动关系的双方应当订立书面劳动合同。同学们在签订劳动合同前，应与用人单位认真协商，慎重对待，不可草率签订；要注意劳动合同是否具备《中华人民共和国劳动合同法》规定的必备条款，含用人单位基本情况、合同期限、工作内容和地点、工作时间和休息休假、劳动报酬、社会保险、劳动条件等；应高度警惕合同中是否存在于法无据、明显不合理的条款，以免利益受损、难以维权。

6) 试用期陷阱

试用期陷阱有以下表现：有的用人单位超过法定上限约定试用期，或者重复约定试用期；有的以试用期为由，支付工资低于当地政府规定的最低工资标准，或者不缴纳社会保险；有的为降低用人成本，大量招聘应届毕业生，试用期约定较低的工资，等试用期结束后，便以各种理由与劳动者解聘，"假试用，真使用"。

同学们请注意，任何违反法律规定的试用期约定都是无效的。根据劳动合同期限的不同，试用期有不同的时限限制，最长不超过 6 个月，同一用人单位与同一劳动者只能约定一次试用期；以完成一定工作任务为期限的劳动合同或者劳动合同期限不满 3 个月的，不得约定试用期；劳动合同仅约定试用期的，试用期不成立，该期限为劳动合同期限。试用期期间，应正常缴纳社保，工资水平不低于单位相同岗位最低档工资或者不低于劳动合同约定工资的 80%，并不低于当地最低工资标准。

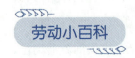

劳动小百科

试用期、实习期、见习期有何不同？

试用期、实习期、见习期在适用对象、期限与待遇、目的与性质上有明显区别。

(1) 适用对象。试用期适用于正式员工 (考察期)；实习期适用于在校学生；见习期适用于应届毕业生，毕业生为非正式员工。

(2) 期限与待遇。试用期最长 6 个月，享受不低于约定工资的 80% 及社保待遇；实习期期限各异，通常无正式工资，有实习补贴；见习期一般为 1 年，领取临时工资，转正后评定职称。

(3) 目的与性质。试用期是双向选择，考察员工与单位是否匹配；实习期旨在提升实践能力，为未来就业做准备；见习期是用人单位考察毕业生、毕业生熟悉业务的过程。

7) 信息陷阱

有的用人单位为增加对毕业生的吸引力，存在故意夸大单位规模、业绩、发展前景、福利待遇等做法。有的用人单位玩弄文字游戏，对招聘职位的工作内容做模糊化处理，如将销售员、业务员等职位美化成"市场部经理""事业部总监"等有诱惑力的名称。

同学们可通过企业官网、媒体报道、工商登记注册信息等查询用人单位的基本情况，仔细甄别各类招聘信息，切勿盲目轻信。求职时要详细询问岗位信息、工作内容，不能只看表面，避免入职后发现实际工作与预期有出入，浪费时间和精力。此外，可通过多种途径了解公司背景，对长期存在大量招聘、离职率高的用人单位，要提高警惕。

劳动者的维权途径

遇到困难时，劳动者可以通过哪些机构或途径维权呢？

(1) 企业内部解决。首先尝试通过企业内部的沟通渠道或申诉机制解决问题。

(2) 调解机构。向劳动争议调解委员会或人民调解委员会申请调解。

(3) 行政投诉。向劳动监察部门或行业主管部门投诉举报用人单位的违法行为。

(4) 仲裁与诉讼。向劳动争议仲裁委员会申请仲裁，对仲裁裁决不服时可向人民法院起诉。

(5) 工会与法律援助。向工会组织请求支持，或向法律援助机构申请法律援助服务。

综上所述，同学们外出寻找兼职或实习、就业机会时，应提前了解相关法规和政策，了解自身与兼职单位的权利和义务；从可靠渠道获取职位信息，如学校公示栏、劳动局与企业官网；通过多种渠道了解企业背景；认真确认面试地点；谨慎签订合同协议、缴纳费用；当权利遭受侵害时，要依法依规进行维权。

二、安全劳动

1. 安全劳动的含义

劳动是人类社会生存和发展的基础，也是个人维持自我生存和发展的唯一手段。安全劳动是指在生产劳动过程中，防止中毒、触电、火灾、爆炸、坠落、机械外伤等危及劳动者人身安全的事故发生。

2. 安全生产

1) 安全生产的含义

安全生产是指在社会生产活动中，通过人、机、物料、环境、方法的和谐运作，使生产过程中潜在的各种事故风险和伤害因素处于有效控制状态，切实保护劳动者的生命安全和身体健康。安全生产是安全与生产的统一，其宗旨是生产必须安全，安全促进生产。安全是生产的前提条件，没有安全就无法生产。同时，做好安全工作，改善劳动条件，不仅可以调动劳动者的生产积极性，减少伤亡和劳动力损失，还可以减少财产损失，增加企业效益，促进生产发展。

2) 安全生产的重点

保护劳动者的生命安全和职业健康是安全生产最根本、最深刻的内涵，是安全生产的核心。它充分揭示了安全生产以人为本的导向性和目的性，是科学发展观和构建和谐社会的理念在安全生产领域的鲜明体现。

(1) 安全生产突出强调最大限度的保护。所谓最大限度的保护，是指在现实经济社会所能提供的客观条件的基础上，尽最大的努力，采取加强安全生产的一切措施，保护劳动者的生命安全和职业健康。根据目前我国安全生产的现状，需要从三个层面实施最大限度的保护。一是政府层面，作为安全生产的监管主体，应把加强安全生产、实现安全发展、保护劳动者的生命安全和职业健康，纳入经济社会管理的重要内容，纳入社会主义现代化建设的总体战略，最大限度地给予法律保障、体制保障和政策支持。二是企业层面，作为安全生产的责任主体，应把安全生产、保护劳动者的生命安全和职业健康作为企业生存和发展的根本，最大限度地做到责任到位、培训到位、管理到位、技术到位、投入到位。三是劳动者自身层面，应把安全生产和保护自身的生命安全与职业健康作为自我发展、实现价值的根本基础，做自己生命安全和健康的第一责任人，最大限度地实现平安健康。

(2) 安全生产突出强调生产过程中的保护。安全生产的以人为本，集中体现在生产过程中的以人为本。同时，它还从深层次揭示了安全与生产的关系。生产过程应在保障劳动者生命和职业健康的前提下安全进行，安全是生产的前提，且贯穿于生产过程的始终。二者发生矛盾时，生产服从于安全，安全第一。这种服从是一条铁律，是对劳动者生命和健康的尊重，是对生产力最主要最活跃因素的尊重。否则，生产将被迫中断。

(3) 安全生产突出强调一定历史条件下的保护。这里的历史条件，主要是指社会生产力发展水平和社会文明程度。注重生产的历史条件，有助于凸显安全生产工作的现实紧迫性。我国作为世界上最大的发展中国家，经济持续快速发展与安全生产基础薄弱存在一定矛盾，处在事故的"易发期"。做好这一历史阶段的安全生产工作，任务艰巨，责任重大。注重生产的历史条件还有助于明确安全生产的重点行业。面对发展不平衡、不充分的现状及不同行业的特点，需重点关注煤矿、交通、建筑施工等行业及企业，切实保障相关劳动者的生命安全和职业健康。此外，注重生产的历史条件还有助于处理好一定历史条件下的保护与最大限度的保护的关系。最大限度的保护应该是一定历史条件下的最大限度，受一定历史发展阶段的文化、体制、法制、政策、科技、经济实力、劳动者素质等条件的制约。因此，应立足现实条件，充分利用现有资源，加强安全生产工作。

3. 日常劳动中的安全事项

日常劳动中需要注意的主要有用电安全和用火安全，这涉及人身安全和财产安全。

1) 用电安全

当人体接触到带电体且有电流通过人体时，轻则有针刺、麻木等感觉，重则发生痉挛，出现心律不齐、血压升高、呼吸困难等症状，甚至在很短的时间内心跳停止、死亡。这就是触电事故。为杜绝事故发生，用电时应注意：不用身体去接触通电电线；保护好电线、插头、插座、灯座等电器的绝缘部分，保持其干燥，不用湿手触摸开关、插入或拔出插头；避免电线与金属物接触，不要将电线挂在铁钉上；禁止用铜丝代替熔丝，禁止用橡皮胶代替电工绝缘胶布；在电路中安装触电保护器，定期检查其灵敏度。

2) 用火安全

在日常工作生活中，人们要注意用火和用气安全，小心使用炉子、液化石油气灶等。为杜绝火灾发生，不可在煤炉附近放置易燃物品，燃煤、木材或其他易燃杂物不可大量堆放在室内或楼道中。电器装置件与导线连接处应接触牢固，插座附近不要堆积可燃物。发生火灾时不要惊慌，应立即采用正确方式灭火，若电器或线路着火，先切断电源，再用干粉或气体灭火器灭火，不可直接泼水，以防触电或爆炸。火势较大时，应立即拨打119报警电话，讲清详细地址、起火部位、着火性质等。

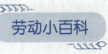
劳动小百科

干粉灭火器使用方法

(1) 使用前，先把灭火器摇动数次，使瓶内干粉松散。

(2) 拔下保险栓，一手握住喷嘴，一手对准火焰根部压下压把，将干粉喷射出来。

(3) 在灭火过程中，应始终保持直立状态，不得横卧或颠倒使用。

(4) 灭火后注意观察，防止复燃。

一般灭火器使用方法见图3-1。

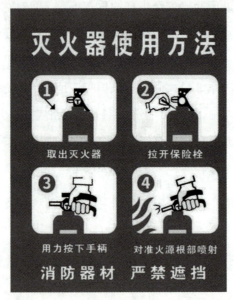

图 3-1

4. 职业病预防与职业健康

2024年4月25日至5月1日是我国第22个《中华人民共和国职业病防治法》宣传周，主题是"坚持预防为主，守护职业健康"。从开展职业病危害专项治理到加强重点职业病监测，从兼顾传统职业病和新型职业病防控到积极构建职业病诊疗康复体系，为更好地保障劳动者的健康权益，我国一直在行动。

1) 职业病及其构成条件

职业病是指企业、事业单位和个体经济组织等用人单位的劳动者在职业活动中，因接触粉尘、放射性物质和其他有毒、有害因素而引起的疾病。我国法定职业病共10大类132种，即职业性尘肺病(13种)及其他呼吸系统疾病(6种)、职业性皮肤病(9种)、职业性眼病(3种)、职业性耳鼻喉口腔疾病(4种)、职业性化学中毒(60种)、物理因素所

致职业病 (7 种)、职业性放射性疾病 (11 种)、职业性传染病 (5 种)、职业性肿瘤 (11 种)、其他职业病 (3 种)。

其构成条件为：职业病的患病主体是企业、事业单位或个体经济组织的劳动者；必须是在从事职业活动的过程中产生的；必须是因接触粉尘、放射性物质和其他有毒、有害物质等职业病危害因素引起的；必须是国家公布的职业病分类和目录所列的职业病。

2) 职业病危害及其因素

职业病危害指对从事职业活动的劳动者可能导致职业病的各种危害。

职业病危害因素包括：职业活动中存在的各种有害的化学、物理、生物因素以及在作业过程中产生的其他职业有害因素。《职业病危害因素分类目录》将危害因素分为六大类，见图 3-2。

图 3-2

3) 用人单位的职业病防治主体责任

用人单位应当加强源头治理，建立、健全职业病防治责任制，加强对职业病防治的管理，提高职业病防治水平，持续改善劳动环境，强化劳动保护，对本单位产生的职业病危害承担责任，将职业健康工作与安全生产工作紧密结合，做到同部署、同落实，同检查、同考核，全面维护职工职业健康安全，以职工健康促进企业健康。用人单位需履行健康保障义务、职业卫生管理义务、源头控制职业病危害义务、报告义务、危害因素检测义务、危害告知义务、培训教育义务、健康监护义务、事故处理义务、特殊劳动者保护义务、举证义务、承担相关费用的义务等义务。用人单位的主要负责人对本单位的职业病防治工作全面负责。

4) 劳动者的职业卫生保护权利和义务

劳动者是用人单位的中坚力量,创造价值的同时,也承担着职业病的危害风险。根据《中华人民共和国职业病防治法》第三十九条的规定,劳动者享有下列职业卫生保护权利:获得职业卫生教育、培训;获得职业健康检查、职业病诊疗、康复等职业病防治服务;了解工作场所产生或可能产生的职业病危害因素、危害后果和应当采取的职业病防护措施;要求用人单位提供符合防治职业病要求的职业病防护设施和个人使用的职业病防护用品,改善工作条件;对违反职业病防治法律、法规以及危及生命健康的行为提出批评、检举和控告;拒绝违章指挥和强令进行没有职业病防护措施的作业;参与用人单位职业卫生工作的民主管理,对职业病防治工作提出意见和建议。

此外,如果劳动者被认定患有职业病,还可以获得相应的经济赔偿。为了保障劳动者的权益,用人单位在招聘劳动者时应该告知其工作环境和危害因素,提供必要的防护措施和培训,并及时进行健康检查。

劳动者也应该增强自我保护意识,了解自身权利并积极维护自身权益。劳动者应当学习和掌握相关的职业卫生知识,增强职业病防范意识;遵守职业病防治法律法规和操作规程;正确使用、维护职业病防护设备和职业病防护用品;发现职业病危害事故隐患应当及时报告。

三、协作劳动

1. 协作劳动的含义

协作是指在目标实施过程中,部门与部门之间、个人与个人之间的协调与配合。协作劳动,即许多人在同一生产过程中,或在不同但互相联系的生产过程中,有计划地进行协同劳动。

协作劳动能充分有效地利用组织资源,依靠团队力量共同完成某项任务,扩大经营等活动的空间范围,缩短产品的生产时间,便于集中力量在短时间内完成个人难以完成的任务。

2. 协作劳动的形式

协作劳动的形式多种多样,可以根据不同的工作性质和需求进行灵活的调整和组合。在现代社会中,协作劳动的形式主要包括团队协作、项目组协作、跨部门协作以及远程协作等。

(1) 团队协作是指在一个相对固定的团队中,成员们共同完成某项任务或项目。这种形式强调团队成员之间的紧密配合和沟通，通过分工合作来提高工作效率和质量。团队的成员通常具有不同的技能和专长，能够弥补彼此的不足，从而更好地完成任务。

(2) 项目组协作是一种以项目为中心的协作形式，通常由来自不同部门或不同背景的人员组成。项目组的成员在项目期间共同工作，完成特定的目标或任务。项目组协作的特点是具有明确的时间限制和目标导向，成员们需要在有限的时间内高效地完成任务。

(3) 跨部门协作是指不同部门为了共同的目标或任务而进行的合作。这种形式通常涉及信息共享、资源整合和协调一致的行动。跨部门协作有助于打破部门之间的壁垒，促进信息流通和资源优化配置，从而提高整个组织的运作效率。

(4) 远程协作是指通过现代通信技术，如互联网、电子邮件、视频会议等手段，实现地理位置分散的人员之间的合作。这种形式特别适合于跨国公司、分布式团队以及自由职业者之间的合作。远程协作的优势在于灵活性和高效性，其能够突破地理限制，实现全球范围内的资源优化配置。

无论是哪种形式的协作劳动，其核心都是通过团队成员之间的分工合作、沟通协调和资源整合，来实现共同的目标和任务。有效的协作劳动不仅能提高工作效率和质量，还能增强团队成员之间的凝聚力和归属感，从而推动组织的发展和进步。

劳动风采录

从"金牌工人"到"人民工匠"

在中国庞大的工业版图中，有一位卓越的工人，他通过卓越的技能和不屈不挠的精神，书写了新时代产业工人的辉煌篇章。他就是2024年获得"人民工匠"荣誉称号的许振超。

许振超生于1950年，来自山东青岛，1984年成为青岛港的第一批桥吊司机，从此便开启了集装箱装卸的生涯。当时，青岛港装卸效率相对较低，外国船员常常对国内工人表示轻蔑，这令许振超备感不安。他立志通过自己的努力改变这一状况，捍卫中国工人的尊严。他致力于提升自身技术，利用业余时间钻研各种操作技能，如集装箱操作和无声响操作。这些技能不仅需要极高的专注度，也要求极其精湛的技艺。他的精准和高效的操作，使装卸效率显著提高，赢得了同事们的尊重，也为未来的成就奠定了基础。

2003年4月27日，许振超带领的团队创造了每小时339箱集装箱装卸的世界纪录，这一胜利震惊了国内外业界，也标志着"振超效率"概念的诞生。许振超深谙个人的力量有限，强调团队合作的重要性。为了让团队共同进步，他频繁传授技能，创新训练方式，比如在集装箱吊具上挂电焊条，让工人们在50米高空练习操作。这种方法不仅提升了员工的专业能力，也锻炼了他们的心理承受能力。在他的领导下，团队成员的技术迅速提升，工作效率也显著提高。此后，许振超团队多次刷新集装箱装卸的世界纪录，令世界对中国港口工人的能力刮目相看。

许振超和团队的卓越表现不仅提升了青岛港的装卸效率，也推动了港口的全面发展。青岛港逐步从一个小港口跃升为全球第四大港，年货物吞吐量超过 7 亿吨。这一成就的背后凝聚了许振超及无数港口工人的智慧和辛勤付出。青岛港的崛起不仅在国际上赢得了声誉，也为中国的对外贸易和经济发展注入了动力。许振超获得了诸多荣誉，包括"全国劳动模范""改革先锋"等，无论身份如何变化，他始终坚信，自己永远是一名工人，成为优秀的工人是他毕生的追求。

2019 年，69 岁的许振超离开了工作岗位，但他对事业的热爱和贡献并未结束。他以新的方式在幕后继续发挥着重要作用，成为青岛港及中国港口行业的宝贵智囊。退休后，他将更多精力投入技术创新和人才培养中，参与港口智能化、自动化的项目规划，凭借丰富的实践经验为新技术的引进与应用提供建议。在他的推动下，青岛港加速向智慧港口转型，提升了工作效率，大幅降低能耗和污染，实现了绿色可持续发展。直到现在，他仍活跃在培训新人的岗位上，时常参与实际操作。他坚信，工人这一身份永远不过时。许振超不仅以其卓越的技能著称，更以无私的奉献精神成为民众心中的楷模。他用实际行动诠释了工匠精神的真谛：专注、敬业、创新与奉献。

许振超及其团队所取得的非凡成绩，不仅提升了中国港口的国际竞争力，也为国家经济的可持续发展做出了杰出的贡献。随着国际市场的快速发展，港口作为连接国内外的关键纽带，其重要性愈加凸显。他的奋斗故事鼓舞着一代代产业工人不断追求更高的目标，推动中国制造业的转型与高质量发展。未来将有更多产业工人像他一样，坚定信念、奋发向上，共同为实现中华民族伟大复兴的中国梦贡献力量。

四、辛勤劳动

1. 辛勤劳动的意义

古语有云："民生在勤，勤则不匮。"辛勤劳动是古今中外公认的美德。大文豪高尔基曾说："劳动和科学是世界上最伟大的两种力量。"劳动是人类得以生存、繁衍、发展的原动力。可以说，一部人类发展史就是一部劳动史。劳动创造了人类，劳动创造了世界。对国家而言，劳动是推动社会进步的重要力量；对家庭而言，劳动是改善生活条件的必备手段；对个人而言，劳动是生存发展的必由之路。辛勤劳动是诚实劳动、创造性劳动的基本前提。人们只有通过辛勤的劳动，才能实现人生价值，创造美好的生活。

2. 辛勤劳动的历史传承

中华民族历史悠久，祖先们用勤劳和智慧创造了光辉灿烂的中华文明。一方面，勤劳是中华民族千百年来的行为倡导和传统美德，对劳动的肯定和赞美是中华优秀传统文化的重要内容。另一方面，勤劳是中国人民创造美好生活和文明的重要力量。劳动人民在用勤劳改善生活的同时，发挥聪明才智，创造了举世瞩目的中华文明，在建筑、科技、手工业、天文地理等诸多领域均取得了灿烂辉煌的成就。

在中国文学史上，历代文人墨客写下了许多歌颂辛勤劳动的诗篇，彰显了劳动之美，抒发了热爱劳动的美好情怀。唐代诗人李绅的《悯农》妇孺皆知，"锄禾日当午，汗滴禾下土。谁知盘中餐，粒粒皆辛苦"，寥寥数句，把劳动者的辛勤劳作写到了极致。陶渊明不为五斗米折腰，甘愿归田务农，且把农活写进诗里，如《归园田居（其三）》："种豆南山下，草盛豆苗稀。晨兴理荒秽，带月荷锄归。道狭草木长，夕露沾我衣。衣沾不足惜，但使愿无违。"全诗清新质朴，真挚感人，抒发了对田园生活的热爱及劳动后的惬意。

其实，辛勤劳动的美德在生活中随处可见。例如，在家帮助辛勤劳作的父母种植蔬菜、做家务；在校认真打扫、整理教室和寝室，爱护、维护校园环境卫生等。将辛勤劳动的美德贯穿于生活之中，有助于锻造良好的个人品德，为个人综合素质奠定坚实基础。

诗词中的劳动赞歌

炉火照天地，红星乱紫烟。赧郎明月夜，歌曲动寒川。

——〔唐〕李白《秋浦歌》

尝闻秦地西风雨，为问西风早晚回。白发老农如鹤立，麦场高处望云开。

——〔唐〕雍裕之《农家望晴》

夜半呼儿趁晓耕，羸牛无力渐艰行。时人不识农家苦，将谓田中谷自生。

——〔唐〕颜仁郁《农家》

茅檐长扫净无苔，花木成畦手自栽。一水护田将绿绕，两山排闼送青来。

——〔宋〕王安石《书湖阴先生壁》

茅檐低小，溪上青青草。醉里吴音相媚好，白头谁家翁媪？大儿锄豆溪东，中儿正织鸡笼。最喜小儿无赖，溪头卧剥莲蓬。

——〔宋〕辛弃疾《清平乐·村居》

昼出耘田夜绩麻，村庄儿女各当家。童孙未解供耕织，也傍桑阴学种瓜。

——〔宋〕范成大《四时田园杂兴三十（其一）》

绿遍山原白满川，子规声里雨如烟。乡村四月闲人少，才了蚕桑又插田。

——〔宋〕翁卷《乡村四月》

3. 辛勤劳动的时代价值

中华民族依靠一代代人的辛勤劳作，一步步走向繁荣富强。在中华人民共和国的史册上，记载着一串熠熠生辉的名字：赵占魁、王进喜、时传祥、蒋筑英、史来贺、袁隆平、申纪兰、李素丽……他们的职业不同，但都以辛勤的劳动创造了不平凡的业绩，赢得了荣誉，获得了尊敬，实现了人生价值。祖国不会忘记他们，人民永远怀念他们。他们是时代的领跑者，用实际行动证明了辛勤劳动光荣，劳动精神永恒。

但是，随着当今社会经济成分、组织形式、就业方式、利益关系和分配方式的日益多样化，有些人对劳动的态度和价值观念出现了一些误区。例如，有的人贪图安逸享受，不愿付出艰苦劳动；有的人崇尚脑力劳动，轻视体力劳动；有的人向往创新劳动，厌烦简单劳动……基于此，拈轻怕重、不劳而获的社会心理得以滋生，好逸恶劳、坐享其成的不良社会风气得以蔓延。辛勤劳动作为一种传统美德，在任何时代都不过时。回溯历史，任何进步和成功都是由人民群众的艰苦奋斗、辛勤劳动创造出来的。越是美好的未来，越需要劳动者不畏艰难、不辞辛苦、不懈奋斗、实干笃行。

同时，随着现代科技的快速发展及普遍应用，社会中逐步出现了由以体力劳动为主导向以脑力劳动为主导转变的趋势。劳动类型发生分化，科技劳动、管理劳动、创新劳动的地位不断提高。对此，应该辩证地看待。在社会经济发展中，尤其是在激烈的国际竞争中，固然必须重视科技劳动、管理劳动的作用和地位，但不能因此而轻视体力劳动和简单劳动。社会犹如一部大机器，众多劳动者的工作共同推动了这部大机器的运转。只要能为社会创造价值、创造财富，劳动就是有意义的。每个人的劳动都值得被尊敬。无论哪种类型的劳动，都是光荣的，都应当得到认可和尊重。

美好生活不是一蹴而就、唾手可得的。再瑰丽的生活梦想、职业理想和社会发展目标，没有苦干实干，也只能流于空想。劳模精神、劳动精神等工匠精神，是中国共产党人精神谱系的重要组成部分，是社会主义核心价值观的题中应有之义。这些精神激励着全体劳动者谱写新的劳动华章，能为国家和民族的事业积聚起逆势上扬、顺势有为、乘势而上的底气和实力，日积月累，从少到多，由量变到质变，在实现中国梦的新征程上，书写更多中国传奇，创造更多中国奇迹。

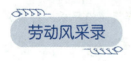

劳动风采录

服务"三农" 勇攀高峰
——全国先进工作者侯国佐

他，穷尽一生推动油菜科技的进步与发展；他，不断探索油菜育种前沿技术，推动贵州省油菜育种水平实现全国领先；他，选育的油菜杂交品种在长江流域推广 9000 余万亩，创效累计达 140 亿元……他就是二级研究员、贵州省荣誉核心专家、两次全国先进工作者称号获得者侯国佐。

侯国佐于 1964 年 7 月从贵州农学院农学系毕业后，来到贵州省油料科学研究所工作，先后任助理研究员、研究员、研究室主任、所长，2001 年任贵州油研种业有限公司董事长。侯国佐常说："为'三农'服务，是每一个农业科研工作者的责任和义务。"正是带着这样的信念，他攻克了一个又一个技术难关，攀上了一座又一座科技高峰，先后获得国家科技进步奖二等奖、贵州省最高科学技术奖、贵州省科技进步奖一等奖、第三届中国西部开发突出贡献奖等各类各层级表彰及荣誉称号 30 余项，并在 1995 年、2000 年分别被党中央、国务院表彰为全国先进工作者。

"1978 年，研究所只有我一个人搞油菜杂交育种研究，工作困难重重。"侯国佐在回忆多年前油菜研究工作时这样说。油菜育种在彼时基本上都是采用优质育种的方法，很少进行杂交育种，而贵州油菜育种的研究水平和力量则更加落后。

缺人、缺经费、缺育种材料，如何提高育种水平？经过分析思考，侯国佐决定将优质育种和杂交育种两种育种方法进行结合，同时实现优质和高产的突破。

1986 年，侯国佐发现了甘蓝型油菜隐性细胞核雄性不育材料"117AB"，并系统开展遗传研究，创建了我国甘蓝型隐性核不育杂交油菜应用体系，先后育成了 21 个高产优质杂交油菜品种，并先后申报国家发明专利 3 项、植物新品种保护 12 项。

说油菜地是侯国佐"献青春、洒热血"一生耕耘的地方，一点也不为过。数十年如一日，他带领团队在油菜地与实验室成功走出了一条农业科研单位育、繁、推一体的油菜产业化发展道路，先后主持国家"863"、国家攻关、国家支撑计划研究等国家和省部级科研项目 33 项，建立了国家油菜品种改良中心贵州分中心、国家油菜原原种基地等研究平台，为我国高产优质油菜品种培育及产业化发展做出了卓越贡献。

4. 积极弘扬勤劳美德

新时代需要人们继续弘扬勤劳的美德。作为社会主义事业的建设者和接班人、祖国未来的希望，青年应该继承光荣传统，用智慧的头脑、勤劳的双手勇担使命。在新时代的校园和未来的人生路上，辛勤劳动可以体现为勤学，也可以体现为奋斗。勤学，强调的是锐意进取、勤勉为学；奋斗，强调的是脚踏实地、奋发有为。要成为合格的劳动者并有所作为，应当树立终身学习的理念，向老师学习，向同学学习，向书本学习，向实践学习；学文化，学科学，学技能，学各方面知识；积极应变，主动求变，更新自我，与时俱进。正如习近平总书记在党的二十大报告中所说："当代中国青年生逢其时，施展才能的舞台无比广阔，实现梦想的前景无比光明。"他勉励广大青年，坚定不移听党话、跟党走，怀抱梦想又脚踏实地，敢想敢为又善作善成，立志做有理想、敢担当、能吃苦、肯奋斗的新时代好青年，让青春在全面建设社会主义现代化国家的火热实践中绽放绚丽之花。

劳动课安全

一、劳动课安全注意事项

(1) 遵守纪律和服从管理。在劳动课上，应严格遵守各项规章制度和操作规程，确保过程中的安全；服从老师的指挥，不得随意单独行动。

(2) 穿戴合适的劳动服装。换好适合的劳动服装，以透气、舒适为宜，建议穿长裤。不建议穿着短裙、短裤、拖鞋去劳动，避免被昆虫、枝叶、玻璃等一切可能划破身体的物质伤害。出门做好必要的防护措施，可以涂抹一些防虫叮咬的东西，长袖长裤或者袖套也是有效的方法。穿浅色系衣服，避免黑色衣服，蚊子具有"趋暗性"，就是喜欢去暗的地方，比如穿黑色衣服的人和肤色较暗的人，比穿其他颜色衣服的人容易对蚊虫产生吸引力。

(3) 正确使用劳动工具。熟悉劳动工具的正确使用方法，避免因方法不当而对自己或他人造成伤害。

(4) 避免接触有害物质。劳动时不要接触硫酸、农药等有害物质，不随便触摸、玩弄电器及电源开关等。

(5) 加强团队协作。在劳动中相互关心、相互帮助、相互监督，共同防范和应对各种安全风险。

(6) 注意个人卫生。劳动后及时清洁个人卫生，尤其是在接触可能有害的物质后要及时洗手，避免中毒。

(7) 不去危险区域。不去山林、湖边、花丛等蛇类易出没的区域，熟记以下防蛇的安全注意事项。

① 蛇在气温18℃以上才会出现，一般雨前、雨后、洪水过后要特别注意防蛇。

② 如果一定要去蛇容易出没的地方，比如潮湿的山区，需要注意：穿长衣长裤、高帮鞋子，把裤脚绑紧，不要有皮肤裸露在外面；进入林区要戴帽子，防止挂在树上的蛇咬人。走夜路时，要携带照明设备。

③ 蛇一般不会主动攻击人，都是感觉被侵犯时才会袭击人类(眼镜蛇除外)。如果遇

到蛇，当它没有主动攻击自己时，千万不要惊扰到它。蛇的耳朵已经退化，视觉也很差，但对震动的感觉极为敏锐，最好的方式是慢慢移动，退出它的领地范围。

④ 不要把手伸进看不清的树洞或其他洞穴里探险。

二、劳动课遭受意外的处理

1. 蚊虫咬伤处理

(1) 当被蚊虫叮咬后，立即用水化开一点肥皂，抹在患处即可。因为蚊虫在叮咬时，口中会分泌出一种有机酸——蚁酸，这种物质可引起肌肉酸痛，而肥皂含高级脂肪酸的钠盐，水解后呈碱性，可迅速消除痛痒。

(2) 隐翅虫体内的毒素可能会引起皮肤炎症，如果被隐翅虫咬了，那么应该及时用肥皂水彻底清洗接触部位，再涂抹质量分数为 10%～20% 的氨水或者 4% 的碳酸氢钠溶液，并及时就医。

2. 毒蛇咬伤紧急处理

(1) 一旦被蛇咬，首先应保持冷静，不要乱跑，以免毒素侵入加快。

(2) 尽可能记住蛇的特征，如有手机在身边，尽量拍照，便于医生快速识别蛇的种类而选择正确的血清。

(3) 最好呼喊他人帮忙将自己"抬走"，尽快到医院就医打破伤风和抗蛇毒血清。

(4) 抗蛇毒血清尽量在 4 小时之内足量注射，越早越好。若是在边远地区被咬，可就近先对局部伤口进行处理，再赶往医院进行治疗。

(5) 因蛇毒主要通过淋巴管扩散，建议在伤口近心端 3～5 厘米处进行结扎。

(6) 需要注意的是，捆扎伤口的时间不能过长，一般每扎 15～20 分钟要松开绳子 1～2 分钟，以免肢体因长时间缺血而坏死。

活动与评价

活动一：搜集并了解与劳动相关的法律法规案例

在我国，与劳动相关的法律法规有很多，在维持正常的劳动秩序、保护劳动者权益、明确义务等方面发挥着巨大作用。在生活中，有许多案例涉及这些法律法规。主动了解熟悉相关案例及相关法律法规，不仅有助于增强同学们的法律意识，还能为就业创业打下基础。请同学们通过网络或书籍等渠道，查阅资料，搜集与劳动相关法律法规的典型案例，并完成表 3-1。

表 3-1　与劳动相关法律法规案例的收集表

案例主要内容（含时间、地点、人物、经过、结果及影响）	
案例涉及法律	
案例涉及法条	
我的收获及启示	

活动二：优化寝室布置，打造寝室文化

寝室是同学们在学校居住的地方，是"另一个家"。其不仅承担了休闲娱乐的功能，也是课堂的延伸。寝室的卫生环境及布置格调，会影响生活状态、人际交往、学习效率。请同学们以寝室为单位，利用课余时间，讨论并设计寝室优化的方案，开展优化布置活动，完成表 3-2。

优化原则：简单大方，温馨舒适，营造学习氛围。

创意要点：用材节约，变废为宝；彰显个性和寝室文化。

表 3-2　寝室优化设计表

寝室优化主题	
主题内涵	
寝室成员及分工	
优化进度安排	
优化效果 （文字＋附图）	
体验分享	

【活动评价】

请对上述活动进行评价 (见表 3-3)。

表 3-3　活 动 评 价 表

评 价 内 容	评 价 情 况			
	自我评价 (20%)	小组评价 (30%)	教师评价 (50%)	最终评价
活动中的劳动态度情况 (20 分)				
活动中的劳动表现情况 (30 分)				
活动中的劳动成果情况 (30 分)				
活动中体现的团队合作能力 (20 分)				

单元四

热爱劳动，掌握熟练的劳动技能

素质是立身之基，技能是立业之本。广大劳动群众要勤于学习，学文化、学科学、学技能、学各方面知识，不断提高综合素质，练就过硬本领。要立足岗位学，向师傅学，向同事学，向书本学，向实践学。三百六十行，行行出状元。任何一名劳动者，无论从事的劳动技术含量如何，只要勤于学习、善于实践，在工作上兢兢业业、精益求精，就一定能够造就闪光的人生。

——习近平在知识分子、劳动模范、青年代表座谈会上的讲话 (2016年4月26日)

知识传递

一、巩固生活技能

生活技能是指人们在日常生活中所必须掌握的各种能力，这些技能涵盖了从基本的自理能力到复杂的问题解决能力。掌握一些基本的生活技能有助于提高个人的生活质量，可以让人更好地应对各种生活挑战，提升生活的幸福感和满意度，增强自信心和独立性。

具体来说，巩固生活技能可以从以下几个方面入手。

1. 学会做家务劳动

家务劳动，是家庭成员用于家庭内部事务的自我服务和相互服务的劳动消耗。它是家庭存在和维系所必不可少的活动，是家庭生活的一个组成部分。有关研究者认为，从社会产品的出现到被人们消费的过程来说，人们从事的社会物质生产劳动是社会产品的生成劳动，而家务劳动则是社会产品的应用劳动。这两种劳动过程的相互联结，表现了人类物质生活的全过程。

学会做家务是巩固生活技能的重要一环。首先，家务劳动有助于提升学习能力。有研究证明，劳动尤其是家务劳动，能够促进大脑的发展，通过参与家务劳动，人的大脑运动皮质区能得到刺激和锻炼，从而提升思维能力、观察能力和解决问题的能力。此外，家务劳动还能锻炼人的手眼协调能力、记忆力和反应能力，培养实践能力和解决问题的能力，这些能力在学习和生活中都至关重要。其次，家务劳动有助于促进人格的完善和进行品德教育。通过参与家务劳动，可以更加清晰地认识自己，确立自己与他人、与世界的联系，从而促进健康人格和良好习惯的形成，培养良好的道德品质。最后，家务劳动有助于培养责任感和义务感。参与家务劳动是一个人认识和熟悉生活环境的起点，通过家务劳动，既能体会到家长的辛劳，学会感恩和珍惜，又可以逐步建立起自身的秩序感、责任感和成就感，为日后的人际关系处理奠定良好的基础。

总之，参与家务劳动对一个人的成长和发展有多方面的益处，应该鼓励学生适当参与家务活动。这不仅包括简单的打扫卫生、整理房间，还包括烹饪、洗衣、修理小家电等。通过掌握这些技能，学生可以更好地照顾自己和家庭，减少对他人的依赖。

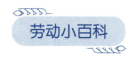

劳动小百科

10个"家务小妙招"

(1) 地板不落灰妙招。

家里的地板就算每天清洁还是落灰，该怎么办呢？这时，只要在肥皂水中加入一点"护发素"，或是将柔顺剂与水按1∶20的比例进行稀释用来拖地就可以了，拖完的地板干干净净的，而且表面光滑，不容易落灰，拖一次能坚持好几天。

(2) 84消毒水可以除霉。

家里经常用水的地方时间久了就会发霉，如一些边角缝隙、瓷砖缝隙。这时，可以把用完的洗脸巾用84浸湿，然后直接放在有霉斑的地方，几个小时之后霉斑就被一点点分解了，取下洗脸巾，缝隙就干干净净了。洗衣机密封圈的霉斑也可以用这个办法去除掉，效果很好。

(3) 废弃卡片也能作为清洁工具。

塑料材质的卡片不容易划伤铁具，最适合用来处理日积月累的污垢。灶台周围沉积的焦渍，水龙头上的水垢，都可以用卡片轻松刮掉。

(4) 木制砧板的清洁与护理。

大多数家里喜欢使用原木砧板，但原木砧板最大的问题就是会滋生细菌。因此，可以在砧板上撒上一些盐，用柠檬在有盐的砧板上打圈摩擦。这样一来，砧板上的小霉菌就洗掉了。然后用热水把整个砧板充分洗净，放在通风的地方，待干燥后收起来。

(5) 微波炉内部清洁妙招。

可以准备一碗白醋，加入适量的水，放入微波炉里挥发10分钟，然后用打湿的百洁布擦拭，微波炉就干净了。

(6) 快速疏通花洒的妙招。

洗澡用的花洒头若是被水垢堵住了，可以用白醋将花洒头浸泡一两个小时，那时里面的水垢就被溶解掉了。

(7) 硬邦邦的毛巾快速"复原"。

毛巾用久了硬邦邦的，擦脸很不舒服，直接扔掉也太可惜了，此时可以在盆中倒入50度左右的热水，加入一点洗衣液、一点小苏打和适量的白醋，搅拌均匀之后，把发硬的毛巾放入水中，浸泡15分钟左右，毛巾又软又新。

(8) 茶叶除鞋臭。

若是鞋子有臭味，可以把家里喝剩下的茶叶攒起来，用纱布裹住放在鞋子里，第二天再穿的时候就闻不到臭味了。

(9) 一招搞定四件套收纳。

不用花钱去买床品四件套的收纳袋，可以将床单、被罩叠成大小相同的形状直接塞进枕头套里，再对折，这样整齐又好找。

(10) 小白鞋神器。

小白鞋变小脏鞋，该如何找回它原本的色彩？将洗洁精、小苏打和漂白剂，各取一大勺混合成膏状，拿它来刷小脏鞋，三下五除二就能让鞋子重焕新生。

2. 做好自我健康管理

自我健康管理是指自己对自己的身体的健康信息和健康危险因素进行分析、预测和预防的全过程。作为高职学生，做好自我健康管理的核心在于培养良好的生活习惯和自我管理能力。这包括合理膳食、积极锻炼、规律作息、养成良好的个人卫生习惯、保持心情舒畅等方面。

(1) 合理膳食是健康生活的基石。学生应该注重食物的多样性和营养均衡，摄入足够的蛋白质、碳水化合物、脂肪、维生素和矿物质。同时，要控制盐、糖、油的摄入量，减少高热量、高脂肪、高盐和高糖食物的摄入。在食物的种类方面，应多食用新鲜蔬菜和水果，适量摄入肉类、鱼类和奶制品。此外，保持良好的饮食习惯也很重要，如定时定量、细嚼慢咽、避免暴饮暴食等。

(2) 积极锻炼是保持身体健康的关键。适量的运动可以增强身体素质，提高免疫力，预防心血管疾病和肥胖症等疾病。学生可以选择适合自己的运动方式，如跑步、游泳、瑜伽、太极等。每周至少进行三次运动，每次运动时间不少于 30 分钟。同时，要注意运动强度和运动量的适度，避免过度运动导致身体损伤。

(3) 规律作息也是健康生活习惯的重要组成部分。学生应该保持充足的睡眠时间，每晚至少 8 小时的睡眠有助于身体恢复和精力充沛。要养成良好的作息习惯，如早睡早起、避免熬夜、保证午休等。作息规律有助于调节生物钟，提高身体的适应能力。

(4) 良好的个人卫生习惯同样不可忽视。个人要保持身体清洁，勤换衣物，避免细菌滋生。同时，要勤洗手、勤漱口、勤剪指甲，防止病菌传播。在公共场所，避免随地吐痰、乱扔垃圾等不良行为。

(5) 做好自我健康管理还要保持心理健康。健康不应只指身体的健康，还应包括心理的健康。

心理健康的标准，应包括以下几方面。

① 正确的人生态度。正确的人生态度来源于正确的认识，正确的世界观。抱有正确人生态度的人，对周围的事物有较为清醒的认识和判断，既有远大的理想，又有实事求是

的精神，因而在社会变革时期能够跟上时代的步伐，头脑清楚，眼界开阔，立场坚定，既不保守，也不冒进……总之，正确的人生态度使人们在分析问题、处理问题时比较客观、稳妥，与时代共同进步，心态始终保持健康水平。

②满意的心境。满意的心境是健康心理的重要内容，满意的心境来源于正确的认识。其表现为：有自知之明，对自己的外貌、德才学识有正确的分析；不自骄自傲，也不自轻自贱，总是能处于一种独立自主的状态；对别人也有一种客观的、全面的评价，不会忽冷忽热，不会苛刻地要求别人；对工作、生活、学习也有正确的标准，既不好高骛远，也不急功近利，因而心境总是愉悦的。

③和谐的人际关系。乐于交往的人往往能在与他人的交往中得到尊重、信任和友爱。与人为善的人能够在与他人的相处中互相理解、相互配合，彼此感情融洽、协调一致。人际关系和谐，心情自然就比较舒畅，心理会处于健康状态中。

④良好的个性，统一的人格。良好的个性是健康心理的重要标志，无论在什么情况下都应保持统一的人格，做到自信而不狂妄，热情而不轻浮，坚韧而不固执，礼貌而不虚伪，灵活而不油滑，勇敢而不鲁莽，既有坚持到底的精神，又不顽固执拗，始终保持坚强的意志、诚实、正直的作风，谦虚、开朗的性格。

⑤适度的情绪，充分的理性。人与动物的区别在于人有理性。健康的心理包括：自我控制能力、适度的情绪，不过悲、过喜、过忧、过怒；要用积极的情绪战胜消极情绪，不使消极情绪、过激情绪维持较长的时间；要始终保持热情饱满、乐观向上的情绪，而不是低下猥琐、沮丧悲观的情绪，更不会反复无常。

劳动小百科

有趣的心理小常识

(1) 易怒的人伤口好得慢。

研究表明，易怒的人伤口愈合所需时间会比较长。对于不能控制愤怒情绪的人来说，测试中的小伤口需要4天以上时间才能痊愈，约是好脾气的人的3倍。研究人员推测说，易怒的人应激激素皮质醇分泌量比较高，这可能是他们伤口难以痊愈的原因。

(2) 移动家具可以改善心情。

人在受到外界压力时，心理的平衡会被破坏。压力越积越多，就容易使人产生紧张和焦躁的情绪。如果无法找到宣泄的出口，这时可以借助外部环境的有序来刺激内心，如重新布置家具，就会给心理带来愉悦感，这对缓解焦躁情绪确实大有裨益。

(3)"出点丑"心情更开朗。

著名心理学家埃利斯发明了一种"打击羞耻"的练习方法：让人在公交车上大声地报站名，或是跟陌生人借一块钱等等。做完这些"蠢事"后，人们会觉得很多担心的事"不过如此"，从而心情大好。但需要注意的是，无论何时何地出丑，只要表现出明朗快乐的样子，就会被忽略，开开玩笑就能借此度过尴尬场面。

(4)逛街、跳绳有利于女性健康。

中国妇联组织的一次女性健康调查显示，当前中国职业女性多处于亚健康状态。在为自己身体状况担忧的同时，许多女性抱怨平时太忙，没有时间健身。专家表示，女性朋友可以采用一些随时随地都能进行的简易健身方法。例如，逛街、跳绳、爬楼梯等通过不停地走动可增加腿部力量，消耗体内大部分热量，以达到健身效果。

(5)人在饿的时候爱乱花钱。

在自己感到饥饿时，最好不要轻易上街购物，因为饥饿会让人更爱花钱！据英国《每日邮报》报道，科学家发现，饥饿时人的购物欲望会增加，不仅觉得食物更加诱人，对其他商品也更容易动心。

(6)养狗比养猫更有利于身心。

英国贝尔法斯特皇后大学犬科行为研究中心资深演讲家、心理学家戴博拉·韦尔斯博士研究发现，养狗主人较少患低血压症与胆固醇偏高症，较少患有身体不适症，发展成严重医学疾病的概率也较小。韦尔斯的研究调查同时显示，与养狗相比，养猫却不能改善健康。

(7)自言自语有益于健康。

和亲朋好友说说自己的近况与烦恼，能舒缓压力、增强身体抵抗力，对健康大有好处。有研究表明，如果自己的唠叨让朋友觉得不耐烦，或者找不到合适的倾听者，不如自言自语。与自己说说烦恼与不满，一来可以调节自身情绪，二来能够理清头绪，帮助自己更理智地看待事情。此外，自言自语不会耽误别人的时间，更不会泄露自己的隐私。

3. 懂得时间管理

时间管理是指通过事先规划和运用一定的技巧、方法与工具实现对时间的灵活以及有效运用，从而实现个人或组织的既定目标的过程。懂得时间管理具有以下益处。

(1)提高效率。时间管理可以帮助人们将使用时间的效率最大化，避免在某一件事情上浪费过多的时间和精力。通过有效的时间管理，人们可以专注于想要完成的任务，从而提高效率和学习质量。

(2)增强自律。时间管理可以帮助人们养成自律的习惯。时间管理需要人们坚定的决心和自律的精神，保证不会被外界所干扰或被自身怠惰所影响。随着自律能力逐渐增强，人们将更自主地缩小社交媒体、游戏等占用的时间，有意识地提高自己的学习和工作效率，更好地应对生活中的挑战和压力。

(3) 降低压力。时间管理能够让人们更好地安排时间，充分利用工作和学习时间，防止任务的积压和不必要的压力，减轻负担。此外，时间管理可以让人们更好地控制工作和学习之外的时间，安排好自己的生活和娱乐，平衡学习与生活，缓解压力。

(4) 提升自信。规划和实践有助于工作和学习能力的增强，随之而来的是自我价值感的提高和自信心的增强。时间管理可以让人们完成任务的过程变得更加可控和有序，不再让自己感觉度日如年，充分利用时间，有利于从容地完成每一项任务，逐渐建立自己的成就感和自身价值感。

(5) 促进个人成长。时间管理涉及个人能力的全面提升，如主动学习能力、管理能力、沟通能力和团队协作能力等。通过实践和不断总结，人们可以在重要领域积累经验，掌握有效的时间管理技巧，更好地推动自己的成长和职业发展。

总之，时间管理是现代人不容忽视的重要技能。时间管理可以帮助人们提高效率，增强自律，降低压力，提升自信，促进个人成长，所以应认真对待时间管理，将其作为个人发展的基本能力，并尝试不同的技巧和工具，实践并不断优化，以此来不断提高自己的时间管理能力。

高效人士的 20 个时间管理秘诀

(1) 确定优先级：将任务按重要性和紧急程度排序，优先处理重要且紧急的事务。

(2) 制订计划：每天开始前制订一份详细的工作计划，包括任务、时间和优先级。

(3) 集中注意力：专注于当前任务，避免分散注意力或同时处理多任务，提高工作效率。

(4) 分配时间：合理安排时间，充分利用高效的工作时间段，避免时间浪费。

(5) 设置目标：设定具体、可衡量的目标，并努力实现，保持动力和积极性。

(6) 消除干扰：创造一个安静、整洁的工作环境，减少干扰和打扰。

(7) 设定截止日期：给自己设定完成任务的最后期限，督促自己按时完成任务。

(8) 学会拒绝：学会拒绝一些无关紧要的事务和请求，保护自己的时间和精力。

(9) 跟踪时间：记录工作时间的使用情况，及时发现浪费时间的地方并进行调整。

(10) 小步前进：将大任务分解成小步骤，逐步完成，避免被任务的庞大吓倒。

(11) 利用工具：使用时间管理工具或应用程序，帮助跟踪和管理任务。

(12) 及时反馈：定期对任务和计划进行评估和反馈，及时调整和改进。

(13) 学会委派：将一些任务委派给他人，提高任务完成的效率和质量。

(14) 保持健康：保持良好的身体健康和精神状态，提高工作效率和专注力。

(15) 学会学习：不断学习和成长，掌握新的知识和技能，提高工作效率。

(16) 管理优先事务：将时间和精力集中在最重要的事务上，有效管理优先级。

(17) 排除拖延症：克服拖延症，立即行动，不要让任务堆积和拖延。

(18) 积极休息：合理安排工作和休息时间，保持工作和生活的平衡。

(19) 学会总结：定期总结工作和时间管理的经验教训，不断提升自己的管理能力。

(20) 持之以恒：保持耐心和毅力，坚持不懈地实践时间管理的方法和技巧。

4. 学会财务管理

很多高职学生是入学后才开始独立管理财务的。合理管理财务对于确保高职学生在学习期间生活无忧和避免债务积累至关重要。掌握基本的财务管理技能，如制订预算、记录支出、储蓄和投资等，可以帮助学生更好地控制财务状况，避免不必要的经济压力。

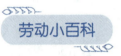

劳动小百科

如何培养高职学生的理财意识？

高职阶段可以说是一个人学习理财知识的起步阶段，也是学习理财的黄金时期，养成良好的理财习惯往往可以使人受益终身。那么，应怎么培养高职学生的理财意识呢？

(1) 养成合理的消费习惯。

现在很多学生不考虑家庭条件，也不考虑收入来源，使用透支或者超前消费等方式来为当下的消费买单，甚至有些学生左手进右手出，这些消费习惯都是不可取的。不良的消费习惯会让人两手空空。所以，首先要树立勤俭意识，养成合理的消费习惯，把钱花在需要花的地方。比如自我投资，学习一些课外的课程，为自己步入社会打下良好的基础等。

(2) 培养财务规划意识。

在养成合理的消费习惯后，还需要培养财务规划意识，这是培养理财意识最重要的一个环节。养成良好的记账习惯，平时可以使用手机记账软件或者其他记账方式，抽空整理自己的消费和收支情况，做到量入而出，对自己的每一笔资金的去向都有一个详细的记录。同时，也可以为自己每个月的消费编制预算，在消费的时候要尽量少用信用卡。

(3) 学习理财的相关知识。

高职学生已有一定的学习能力，可以通过媒体、网络、书籍等各种方式来学习理财相关知识，为今后步入社会独立生活打下基础。

通过不断学习和实践这些生活技能，高职学生可以更好地应对生活中的各种挑战，提高生活质量，增强自信心和独立性。这不仅有助于个人成长，还能为家庭和社会做出贡献。

二、练就职业技能

在现代社会中，拥有扎实的职业技能不仅能提高工作效率，还能增强个人的竞争力。因此，高职学生应该注重培养和提升自己的职业技能，以适应不断变化的工作环境和市场需求。

(1) 掌握基础知识是练就职业技能的前提。无论从事哪个行业，都需要具备一定的理论知识和专业技能。例如，计算机专业的学生需要掌握编程语言、数据结构和算法等基础知识；而设计专业的学生则需要学习设计原理、色彩搭配和图形处理等相关知识。只有在扎实的基础知识之上，才能进一步提升自己的专业技能。

(2) 实践操作是练就职业技能的重要环节。理论知识固然重要，但如果没有实际操作经验，则很难将知识转化为实际能力。通过参与项目实践、实习等，可以积累丰富的实践经验，提高解决实际问题的能力。例如，程序员需要通过编写代码来提升编程能力；销售人员则需要通过与客户的沟通和谈判来提高销售技巧。

(3) 持续学习和自我提升也是练就职业技能的关键。随着科技的快速发展和行业的不断变化，新的知识和技能不断涌现。只有不断学习和更新自己的知识体系，才能跟上时代的步伐，保持竞争力。高职学生可以通过参加培训课程、阅读专业书籍、参加行业研讨会等方式，不断充实和提升自己的职业技能。

总之，练就职业技能需要通过掌握基础知识、积累实践经验、持续学习和自我提升来实现。只有不断努力，才能在竞争激烈的社会中脱颖而出，实现个人的职业发展和成功。

职业技能等级证书

职业技能等级证书是指在现行《国家职业资格目录》外的，且在新版《中华人民共和国职业分类大典》第三、四、五、六大类以及人社部新发布的技能类职业中，由人社部门备案的用人单位和社会培训评价组织按照国家职业技能标准或行业企业评价规范，对劳动者实施职业技能考核评价所颁发的证书。证书由评价机构独立印制并发放，政府部门不参与监制。证书上不得使用"中华人民共和国""中国""中华""国家""全国"和"人力资源社会保障部门""职业技能鉴定中心""中国就业培训技术指导中心""职业资格""资格凭证""就业凭证""录用依据"等字样；不得出现国徽、政府部门徽标等标识，以及与上述相关或易产生歧义和误导的字样、图案或水印；不得出现本机构以外任何其他部门或单位的标识。

职业技能等级一般分为初级工、中级工、高级工、技师和高级技师五个等级。企业可根据需要，在相应的职业技能等级内划分层次，或在高级技师之上设立特级技师、首席技师等。

职业技能等级证书是劳动者具有从事某一职业所必备的学识和技能的证明。它是劳动者求职、任职的资格凭证，是用人单位招聘、录用劳动者的主要依据，也是境外就业、对外劳务合作人员办理技能水平公证的有效证件。职业技能等级证书持有人同国家职业资格证书持有人享受同等的职业培训、就业创业、技能人才等政策待遇，纳入人才统计、表彰范围。

三、提升社会技能

提升社会技能是指通过各种方法和途径，提高个人在社会交往中的能力和水平。通过不断学习和实践，个人可以在社会中更加游刃有余地应对各种复杂的人际关系和挑战，从而在学习和生活中取得更好的成绩和满意度。具体来说，提升社会技能可以通过以下几个方面来实现。

1. 增强沟通能力

有效沟通是一项非常重要的技能。良好的沟通能力是人与人之间建立联系、解决问题的关键。高职学生可以通过参加演讲比赛、辩论会等活动，锻炼自己的口才和表达能力。同时，学会倾听也是沟通的重要一环，要尊重他人的观点，善于理解和接纳不同的意见。

2. 培养团队合作意识

在现代社会中，团队合作变得越来越重要。高职学生可以通过参与团队项目、体育活动或志愿者工作，学习如何与他人协作，共同完成任务，不断提升自己的团队合作能力。

3. 提高解决问题的能力

在现实生活中，个人会遇到各种各样的问题和挑战。面对各种问题和挑战时，能够冷静思考并找到有效的解决方案是非常重要的。高职学生要学会分析问题、寻找解决方案，并勇于尝试和实践。在解决问题的过程中，要敢于面对困难，不轻易放弃，不断尝试和总结，应对各种复杂的情况，提高自己解决问题的能力。

4. 理解和尊重他人

每个人都有不同的背景和观点，学会理解和尊重他人是建立良好人际关系的基础。高职学生可以通过阅读、旅行和与不同文化背景的人交流，拓宽视野，提升跨文化沟通的能力。

总之，提升社会技能是一个持续的过程，需要不断学习和实践。通过积极参与各种社会活动，不断反思和总结经验教训，高职学生可以在社会中更好地立足，实现自我价值。

劳动小百科

决胜未来的五项核心能力

1. 创新力

当今社会的竞争，与其说是人才的竞争，不如说是人的创新力的竞争。创新力是指利用现有的资源和条件，提出有别于常规做法或常人思路的见解和主张，改进或创造新的事物（包括产品、方法、元素、路径、环境），并能获得一定效果的能力。

进入 21 世纪，随着科技的不断发展，市场同质化竞争的加剧，创新力的作用更加凸显。"要么创新，要么死亡。"不管是组织还是个人，创新力的高低，直接关系到其竞争力的强弱。创新力强，其竞争力也强，反之亦然。

2. 共情力

共情力也叫移情能力，是指站在他人的立场，设身处地地体验他人处境，从而达到感受和理解他人情感的能力。共情力在看重团队协作和合作共赢的商业社会里更为重要。很多公司的管理者，都将共情力视为员工的核心竞争力之一。他们认为，共情力强的员工能够快速抓住机会，在面对变化时产生的焦虑更少，并能拥有一种目标感来营造更积极的工作环境。

3. 学习力

学习力，是指在日常的工作和生活中，积极学习新知识、新事物，并且善于总结、完善、提高自身运用新知识解决新问题的能力。当今社会，知识快速更新迭代，人们同时面临着众多全新的领域和未知的选择，从来没有一个时代，像今天这样需要不断地、随时随地地、快速高效地学习。著名作家、编剧石康曾说："一个人的死亡时间，是从停止学习开始的。"学习力本质上是一种竞争力，比竞争对手学得更快，也许是自己唯一可持续的竞争优势。学历代表过去，能力代表现在，学习力才代表未来。

4. 应变力

应变力是指面对环境变化，能迅速地做出反应，并寻求合适的方法，使事件得以妥善解决的能力。无论是在商场还是在战场上，快速反应和适应能力都至关重要。如果还是沿用过去的经验和做法来解决新问题，很可能完全无效。因此，我们需要审时度势，随机应变，学会在变化中产生应对的创意和策略，与不确定性共舞。

5. 内驱力

为什么同样身处逆境，有些人能越挫越勇，而有些人就只会唉声叹气、萎靡不振呢？

关键就在于内驱力的不同。所谓内驱力，是在需要的基础上产生的一种内部唤醒状态或紧张状态，表现为推动有机体活动以达到满足需要的内部动力。说白了，就是一个人发自内心地要把事情做好的欲望，而不在乎为此付出艰辛和努力，它是真正的动力源泉。

职业技能大赛知多少

一、世界技能大赛

世界技能大赛是最高层级的世界性职业技能赛事，由世界技能组织举办，每两年举办一次，被誉为"世界技能奥林匹克"，是世界技能组织成员展示和交流职业技能的重要平台，也是当今世界地位最高、规模最大、水平最高的国际职业技能赛事。迄今，世界技能大赛已成功举办47届。

世界技能大赛赛项设置紧密对接产业发展，依据职业发展状况随时调整考核范围。参赛选手不需要进行单独的理论考试，主要都是实操考核，将理论知识融入了实操。比赛项目共分为六个大类，分别为结构与建筑技术、创意艺术与时尚、信息与通信技术、制造与工程技术、社会与个人服务、运输与物流，共计64个竞赛项目。

大部分竞赛项目对参赛选手的年龄限制为22岁，制造团队挑战赛、机电一体化、信息网络布线和飞机维修四个有工作经验要求的综合性项目，选手年龄限制为25岁。

世界技能大赛的举办机制类似于奥运会，由世界技能组织成员申请并获批准之后，世界技能大赛在世界技能组织的指导下与主办方合作举办。中国上海获得2026年第48届世界技能大赛的举办权。

二、全国技能大赛

中华人民共和国职业技能大赛，简称全国技能大赛。该赛事经国务院批准，由人力资源社会保障部主办，是规格最高、项目最多、规模最大、水平最高、影响最广的综合性国家职业技能赛事，也是广大技能人才展示精湛技能、相互切磋技艺的平台。

经国务院批准，从2020年起，我国每两年举办一届中华人民共和国职业技能大赛。第一届全国技能大赛于2020年12月在广东省广州市举行，大赛共设86个竞赛项目。第二届全国技能大赛于2023年9月在天津市举行，大赛共设置109个竞赛项目，分为世赛选拔项目(63个竞赛项目)和国赛精选项目(46个竞赛项目)两大类。全国各省(区、市)、新疆生产建设兵团和住建、交通、机械、轻工等部门行业组建36个代表团参赛。大赛对各竞赛项目获得前 5 名的选手 (团队双人赛项前 3 名、三人赛项前 2 名)，经核准授予"全国技术能手"称号。

三、全国职业院校技能大赛

全国职业院校技能大赛，是教育部发起并牵头，联合国务院有关部门以及有关行业、人民团体、学术团体和地方共同举办的一项公益性、全国性职业院校学生综合技能竞赛活动，每年举办一届。该赛事是我国职业教育一项重大制度设计和创新，自 2008 年以来，该赛事规模不断扩大，水平逐年提升，国内外影响力逐步增强，在引领职业教育"三教"改革、提高技术技能人才培养质量、促进高质量就业、服务经济社会发展、助力中外职业教育交流合作等方面发挥了重要作用，已经成为广大职教师生展示风采、追梦圆梦的重要舞台和中国职业教育的亮丽品牌，是专业覆盖面最广、参赛选手最多、社会影响最大、联合主办部门最全的国家级职业院校技能赛事。

全国职业院校技能大赛分中职学生组、高职学生组和教师组，积极构建以校赛为基础、省赛为主体、国赛为示范、世校赛为牵引，上下衔接、内外贯通的职业院校技能大赛体系，引导校赛、省赛扩大赛事覆盖面，使更多学生从中受益。2023 年全国有近 320 万名学生、25 万名教师参与各级职业院校技能赛事，国赛参赛队伍超 9000 支，参赛选手近 3 万人，参赛人数再创历史新高。

活动与评价

活动一：寝室收纳整理小竞赛

在班级中以寝室为单位组织开展收纳整理比赛。每个寝室同学的床铺、书桌、衣柜、洗漱区等区域均可纳入比赛内容。班级成立竞赛组委会，统一规定比赛时间、比赛标准及评比规则。

通过比赛，引导学生养成良好的劳动习惯，增强自我管理意识，提升宿舍空间利用率，促进宿舍文化建设，增进同学间的交流与合作。

活动二：校园垃圾分类

在校园内组织开展"绿色校园，从我做起——校园垃圾分类活动"，深入了解垃圾分类的有关知识，掌握正确的分类方法，在体验劳动的过程中养成良好的劳动习惯，共同营造绿色、和谐的校园环境。

【活动评价】

请对上述活动进行评价 (见表 4-1)。

表 4-1　活 动 评 价 表

评 价 内 容	评 价 情 况			
	自我评价 (20%)	小组评价 (30%)	教师评价 (50%)	最终评价
活动中的劳动态度情况 (20 分)				
活动中的劳动表现情况 (30 分)				
活动中的劳动成果情况 (30 分)				
活动中体现的团队合作能力 (20 分)				

单元五

崇尚劳动，发扬伟大的劳动精神

我国工人阶级和广大劳动群众要大力弘扬劳模精神、劳动精神、工匠精神，适应当今世界科技革命和产业变革的需要，勤学苦练、深入钻研，勇于创新、敢为人先，不断提高技术技能水平，为推动高质量发展、实施制造强国战略、全面建设社会主义现代化国家贡献智慧和力量。

——习近平致首届大国工匠创新交流大会的贺信 (2022 年 4 月 27 日)

知识传递

一、劳动精神

1. 劳动精神的基本内涵

劳动是人类生存和发展的第一需要，是人类文明发展进步的源泉。一部人类的历史就是一部劳动的历史。劳动创造了人类本身，也创造了光辉灿烂的人类文明。

劳动精神是每一位劳动者为创造美好生活而在劳动过程中秉持的劳动态度、劳动理念及其展现出的劳动精神风貌。在不同的社会形态下，由于对劳动的理解不同，劳动精神的内涵也有差异。党的十八大以来，习近平总书记在一系列重要讲话中多次强调劳动和劳动精神。2020 年 11 月 24 日，习近平总书记在全国劳动模范和先进工作者表彰大会上的讲话中指出："在长期实践中，我们培育形成了……崇尚劳动、热爱劳动、辛勤劳动、诚实劳动的劳动精神……"习近平总书记对劳动精神的论述，继承并发展了中华民族劳动光荣的优秀劳动观念，融入了马克思主义劳动观，明确了劳动精神的基本内涵，也成为人们正确理解劳动精神的重要依据。

伟大的时代需要伟大的精神，伟大的精神来自伟大的人民。中华民族历来就有勤劳勇敢、自强不息的优良传统。中国今日之成就，正是广大中国人民在中国共产党的领导下，辛勤劳动、不畏艰苦、努力进取、不断奋斗的结果。无论是中华人民共和国成立初期不怕苦不怕累、艰苦奋斗的铁人王进喜，"高标准、严要求、行动快、工作实、抢困难、送方便"的纺织工人赵梦桃，还是新时期带领团队埋头苦干 20 余载，建成 500 米口径球面射电望远镜 (FAST) 的"中国天眼之父"南仁东，把高铁干成中国名牌的于延尊等，他们都以自己的辛勤劳动、诚实劳动、创造性劳动推动了国家发展，实现了民族复兴。他们在长期的劳动实践中沉淀起来的劳动精神，正是社会发展的动力。劳动创造了中华民族，造就了中华民族的辉煌历史，也必将创造出中华民族的光明未来。新时代，要以辛勤劳动为荣，以好逸恶劳为耻，大力发扬劳动精神，热爱劳动、投身劳动、爱岗敬业，积极投身经济社会发展实践，为全面建设社会主义现代化国家新征程贡献力量。

2. 弘扬劳动精神的意义

习近平总书记指出："我们要在全社会大力弘扬劳动精神，提倡通过诚实劳动来实现人生的梦想、改变自己的命运，反对一切不劳而获、投机取巧、贪图享乐的思想。"劳动精神体现中国精神，是中华民族精神的标尺，能为学生固本立魂提供精神支持，激发勤奋学习的精神动力和凝聚和谐美丽校园建设的精神力量。在劳动精神的指引下，促进劳动教育的转型升级，要形成价值共识，充分发挥精神指引的育人效应。在学生中弘扬劳动精神，要结合新时代培养高素质劳动者的要求，深挖劳动精神的价值意蕴，充分发挥精神指引的育人功能。

(1) 弘扬劳动精神，能够培养学生爱国主义的民族精神。

自古以来，热爱劳动、珍惜劳动成果，是中华民族的传统美德。弘扬劳动精神，能使学生在劳动实践中，传承中华民族勤劳俭朴的品质和艰苦奋斗的精神，培植家国情怀，在劳动精神驱动下，具有爱国之志、报国之情，成为建国之材，以实际行动报效国家和人民，使中华民族伟大复兴的中国梦变为现实。

(2) 弘扬劳动精神，能够培养学生创新发展的时代精神。

在学校的劳动教育中，将弘扬劳动精神与弘扬劳模精神、工匠精神相结合，引导学生学习劳动模范"爱岗敬业、争创一流、艰苦奋斗、勇于创新、淡泊名利、甘于奉献"的精神品质和劳动态度，学习工匠"执着专注、精益求精、一丝不苟、追求卓越"的职业精神和高超技能，能够激励学生学习劳动知识，掌握劳动技能，开发创造潜力，造就名副其实的知识型、技能型、创造型的高素质劳动者，使自己成为强国一代，以劳动梦筑就中国梦，为把我国建设成为创新型国家做出应有贡献。

(3) 弘扬劳动精神，能够培养学生的团结精神、奋斗精神、梦想精神。

在劳动实践中弘扬劳动精神，引导学生尊敬师长、友爱同学、推己及人、助人为乐、奋力拼搏、坚持不懈，能培养学生的团结精神、奋斗精神、梦想精神。弘扬劳动精神，能促使学生扣好人生第一粒扣子，在筑梦、逐梦、圆梦过程中，把个人梦与中国梦相结合，在内心深处构建实现中华民族伟大复兴的精神坐标，传承中华民族勤劳的精神命脉，开发创造劳动潜能，在不懈的奋斗中，实现人生幸福和美好生活的追求。

3. 弘扬劳动精神的做法

劳动精神是全体劳动者共同的精神财富。劳动精神是对广大劳动者劳动实践的高度肯定与科学总结，是人类为了自身的幸福而不懈奋斗的结晶。人类创造历史，劳动开创未来，劳动是推动人类社会进步的根本力量。

(1) 弘扬劳动精神，就是要弘扬勤劳勇敢、爱岗敬业、诚实守信的实干精神。勤劳勇敢是指有毅力、有勇气、有胆量地劳动。爱岗敬业是指尊重劳动、崇尚劳动、热爱劳动，做到辛勤劳动、勤奋工作。诚实守信是指脚踏实地、恪尽职守，遵守法律法规和政策，遵循职业道德和标准。勤劳勇敢、爱岗敬业、诚实守信的实干精神，是劳动精神的具体内涵。要实现中华民族伟大复兴中国梦，我国亿万劳动群众是主体力量。广大劳动群众要爱岗敬业、勤奋工作，锐意进取、勇于创造，不断谱写新时代的劳动者之歌。全体劳动者都要牢记"大道至简、实干为要"的道理，撸起袖子加油干，在劳动中实现自身价值。

(2) 弘扬劳动精神，就是要弘扬锐意进取、建功立业、甘于奉献的奋斗精神。锐意进取是指意志坚决地追求上进。建功立业是指建立功勋、成就大业。甘于奉献是指在劳动中忘记"小我"，不计较个人得失，时时铭记祖国需要。锐意进取、建功立业、甘于奉献的奋斗精神，是劳动精神的更高体现。每一个劳动者都应牢记幸福是奋斗出来的，生命不息、奋斗不止，在劳动中实现美好的未来。

(3) 弘扬劳动精神，就是要弘扬精益求精、严谨专注、追求卓越的创新精神。精益求精是指以高品质的要求对待自己的作品，不惜花费时间精力、精雕细琢、注重细节，把一件事情做到极致。严谨专注是指耐住寂寞、经住诱惑，不达目的决不放弃。追求卓越是指为了质量而孜孜不倦、乐此不疲。精益求精、严谨专注、追求卓越的创新精神，是劳动精神的专业要求。新时代劳动者要勇于创新、追求品质，为推动我国实施"质量强国战略"提供源源不竭的动力。

弘扬新时代劳动精神，要以人民性为价值属性，以劳动幸福为价值指向，促进劳动者的自由全面发展，激发劳动者蕴藏的巨大精神力量，在全面建设社会主义现代化国家新征程上创造新的时代辉煌，铸就新的历史伟业。

4. 践行劳动精神

(1) 爱岗敬业，争创一流。

"爱岗敬业"中的"爱岗"与"敬业"互为因果关系。只有热爱自己的工作岗位，才会以严谨的态度对待自己的工作，才会兢兢业业、勤勤恳恳、尽职尽责、忠于职守；也只有对自己的工作尽心尽力、全力以赴，才会在自己的工作中感受到乐趣，享受到快乐，才会有幸福感、荣誉感、成就感，才会更加热爱自己的工作。俗话说："三百六十行，行行出状元。"每一个行业都有出色的人才，都可能做出出色的成绩。"不想当将军的士兵不是好士兵。"在社会劳动领域，可以说："不想成为劳模的劳动者不是好劳动者。"只有热爱自己的工作岗位，热爱自己的本职工作，在工作上具有上进心、进取心，愿意将自己的工作做好、做出色，才有可能取得一流的成绩。而争创一流意味着在工作上要细心严谨、不断琢磨、创新创优、至善至美。要想在百舸争流、千帆竞发的洪流中勇立潮头，在不进则退、不强则弱的竞争中赢得优势，在报效祖国、服务人民的人生中有所作为，就必须有争创一流的干劲和追求。只有树立争创一流的劳动目标，才能孜孜不倦学习、勤奋苦干干事，才能对自己的工作如痴如醉、精益求精，不断精心琢磨、创造佳绩。

20 世纪 80 年代，邓小平同志就已认识到"我们国家，国力的强弱，经济发展后劲的大小，越来越取决于劳动者的素质，取决于知识分子的数量和质量"。在 21 世纪，面对日趋激烈的国际竞争，一个国家的发展能否抢占先机、赢得主动，越来越取决于国民素质，特别是广大劳动者素质。对此，习近平总书记明确指出："我们要始终高度重视提高劳动者素质，培养宏大的高素质劳动者大军。劳动者素质对一个国家、一个民族发展至关重要。"劳动者的素质包括了身体素质、思想道德素质、科学文化素质等。素质是立身之基，技能是立业之本。劳动者要想在自己的工作岗位上创造佳绩，需要勤于学习，学文化、学科学、学技能、学各方面知识，勤学苦练、深入钻研，不断提高综合素质，练就过硬本领。中国特色社会主义为广大劳动者提供了广阔的舞台。任何一名劳动者，无论从事何种劳动，只要有志气、有闯劲，找到自己热爱的职业，勤于学习、善于实践，在工作上兢兢业业、精益求精，就可以充分展示自己的才华，做出卓越成绩，实现自己的人生理想和人生价值，造就闪光的人生。实现中华民族伟大复兴的中国梦，要靠各行各业人们的辛勤劳动、创造性劳动，需要各行各业的劳动者践行爱岗敬业、争创一流的劳动精神。

劳动风采录

保障供电坚守一线，公益路上奔走不停
——全国五一劳动奖章获得者虞向红

虞向红，中共党员，浙江东阳市供电公司吴宁供电所所长、国家电网浙江电力（东阳吴宁）红船共产党员服务队队长，曾获得"全国岗位学雷锋标兵""中国好人""浙江好人""浙江省道德模范""浙江省模范退役军人"等荣誉。2023年被中华全国总工会授予全国五一劳动奖章。

工作24载，虞向红冲锋在电力保供、急难险重任务一线，牵头开展技术创新，同时坚持"竭尽所能多做对老百姓有益的事"的准则，积极参与公益事业，践行社会责任。

"我曾是一名海军战士，学的是轮机专业，1989年入伍后被分配到了营房处当电工。1996年开始，我担任船上的机电班班长，负责管理舰船的日常用电和轮机的维护保养。"虞向红说。19岁那年，他入伍成为一名海军机电兵。从营房电工到班长、机电长，每逢检修，虞向红总说自己个头小便于动作，带头钻进又脏又窄、容易缺氧的舱底，检测和维修舰艇设备。

1999年，虞向红转业，入职东阳市供电公司，从爬电杆的线路工人开始干起。为了更扎实地掌握专业技能，他跟着老师傅学习实操技巧，积极参与单位配电技能比武。经过持续的学习，他积累了经验，成长为配电专业的行家里手。

虞向红善于通过创新研发解决生产中遇到的问题。2019年，东阳市供电公司成立了向红劳模创新工作室，由他作为带头人，带动更多员工参与技术创新、项目攻关等工作。4年来，工作室吸纳了来自配电、变电、低压等专业的员工，培养出"八婺金匠"等技术能手25名。虞向红主持了50多个技术攻关和革新项目，带领工作室成员解决了30多项配电技术和生产难题，研发的10多项创新成果获得省部级及以上荣誉，相关成果获得9项国家发明专利和国家实用新型专利授权。

日常开展乡村电力维修服务时，虞向红关注到有生活困难的残疾人住在墙面开裂、漏风漏雨、电力线路老化的房屋中，便萌生了"帮一把"的念头。

2016年，虞向红发起了"幸福蜗居——解决低保残疾人住房安全问题"助残公益项目。多年来，他和党员服务队队员募集资金、物资合计900多万元，为221户低保户残疾人等实施危旧房改造，累计改造面积达7000多平方米。

在虞向红的牵线下，"幸福蜗居"助残公益项目不断扩大资助范围，跨越千里落地四川省南江县，累计为当地13户残疾人家庭实施危旧房改造。党员服务队还与30名残疾人子女结对，资助他们完成学业。该项目获得了全国"四个100"最佳志愿服务项目、中国青年志愿服务大赛银奖等荣誉。

2020年12月，虞向红牵头成立了东阳市向红社会工作服务中心。该中心聚焦扶残、敬老、助学、纾困、赋智五个维度，延伸开展以助老、助困、助学、赋智为主要内容的"三助一赋"志愿服务，其中包括"幸福轮友——助力脊髓损伤伤友生活重建项目""幸福'光'影——帮助视障朋友共享文化成果""幸福种子——关爱未成年人健康成长"等七个公益子项目，为有需要的人提供全方位帮扶。

(2) 大道至简，实干为要。

大千世界，纷繁复杂；文化经典，灿若星河。然而，那些最深沉、最恒久的道理，也往往最简单、最朴素。"大道至简，实干为要"便是这样一条质朴的哲理。事无论大小，都是靠脚踏实地、一点一滴干出来的。生活中，一些人埋头苦干深挖一眼泉，最终收获了实至名归的成功；一些人左顾右盼寻找捷径，反而兜兜转转、屡尝败绩。"见之不若知之，知之不若行之。"做人做事，最怕的就是只说不做，眼高手低。实干则可以说是连通"知"与"行"的桥梁，一"实"当先可以胜过百"巧"。幸福不会从天而降，梦想不会自动成真。实现个人的奋斗目标，开创个人的美好未来，必须依靠辛勤劳动、诚实劳动、创造性劳动，人们说"空谈误国，实干兴邦"，实干首先就是要脚踏实地地劳动。社会主义是干出来的，新时代是奋斗出来的，每个人要以主人翁姿态，积极投身经济社会发展的实践，为创造幸福生活和美好未来作出贡献。

"合抱之木，生于毫末；九层之台，起于累土。"如果好高骛远，不愿或做不好小事，只想一飞冲天、一鸣惊人，则无异于痴人说梦。如果不付出辛勤劳动和艰苦努力，那么再简单的事也做不好、做不成。做好做实每一件小事，再平凡的岗位也能释放出无穷的光和热。"七一勋章"获得者、治沙英雄石光银与荒沙碱滩不屈抗争40多年，一辈子扎根治沙一线，踏踏实实做事，创造治沙与致富相结合的新模式，在沙海里筑起了百余里长的"绿色长城"，不仅把"沙窝窝"变成了"金铸铸"，也成就了自己不平凡的人生。正所谓"一分耕耘，一分收获"，要想有所作为，离不开苦干实干。只有以实干为要，才能干出实绩，实现事业的发展和个人的成长进步。人在事上练，刀在石上磨。那些崇尚奋斗、苦干实干者，也必将练就有担当的宽肩膀，不断提升个人的视野、能力与境界。

没脚走出致富路，无手绣出幸福花

他们是故事的主人公张顺东、李国秀。夫妻二人加起来只有一只手、两条腿，但他们用残缺的身体，书写了世间最美家庭的模样；他们用辛勤的劳作，把儿女养大成人；他们用坚强的意志，甩掉了贫困帽子，创造了来之不易的幸福生活。

张顺东1974年出生在云南省昆明市东川区乌龙镇坪子村，他6岁放羊时被高压电击伤，失去了右手，双脚重伤。19岁那年，他认识了邻村的姑娘李国秀。1993年，张顺东、李国秀喜结连理。

张顺东：生活不是等出来的，是靠干出来的，夫妻同心，黄土才能变成金。

女儿和儿子相继出生，健康的孩子是安慰，更是这个家庭的希望。李国秀说："别人的孩子用手抱大，而我们的孩子是用双脚抱大的。"一双儿女渐渐长大，原本仅够填饱肚子的生活，越来越捉襟见肘。

每天天不亮，村里人还在睡梦中，张顺东、李国秀夫妇就开始忙碌了。想让日子好一点，就要付出常人千百倍的努力。李国秀练出了绣花的本领贴补家用，他们养殖的鸡鸭猪仔也越来越多。

张顺东：勤劳奋斗去干活，是一个丈夫应该去做的，更是一个父亲应该去做的。

懂事的女儿没有辜负父母的厚望，考上了师范大学。但同时，张顺东原本受伤的两只脚因为过度劳累而溃烂，不得不先后截肢。命运再次给这个不幸的家庭以沉重打击。

截肢后的张顺东没有倒下，装上假肢继续耕作于田间地头。夫妻二人更加珍爱对方，你就是我的手，我就是你的脚。坚强、自信、乐观的张顺东、李国秀，没有向命运屈服，在困苦中相互扶持，相亲相爱。

李国秀：我觉得人再苦再难，不能没有希望。

在乌龙镇，张顺东夫妇身残志坚的故事被传为佳话，只要有需要，村民们都会来搭把手，国家又给报销了两万多元的医药费。2017年，在国家危房改造资金的扶持下，家里盖上了新房，年收入逐步提高，张顺东家成为村里最早的一批脱贫户。

张顺东：汗水不是白流的，总有收获。

如今，他们的女儿大学毕业，成为一名人民教师，也有了自己的宝宝，四世同堂，尽

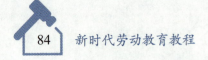

享天伦。对张顺东、李国秀而言，因为加倍努力了，所以倍感幸福。

2021 年度感动中国人物——张顺东、李国秀颁奖词：

山对山来崖对崖，日子好比江中排。毛竹天生筋骨硬，顺风顺水出山来。李家大姐人才好，张家大哥看上她。没脚走出致富路，无手绣出幸福花。

二、劳模精神

2020 年 11 月 24 日，习近平总书记在全国劳动模范和先进工作者表彰大会上发表重要讲话，赞扬劳动模范是民族的精英、人民的楷模，是共和国的功臣，号召全党全国各族人民大力弘扬劳模精神、劳动精神、工匠精神，努力在全面建设社会主义现代化国家新征程上创造新的时代辉煌、铸就新的历史伟业！

1. 劳模与劳模精神

劳模即劳动模范和先进工作者的简称，是劳动的模范和榜样，是社会遴选出的最好的、鼓励人们仿效的劳动者。

在共和国的光辉历史上，各条战线涌现出成千上万的劳模人物。他们在不同的发展阶段，始终走在社会主义建设的最前线，以忘我的献身精神、不懈的奋斗精神，激励着一代又一代劳动者为祖国的繁荣富强而拼搏。他们是推进我国先进生产力发展和先进文化发展的代表，是当之无愧的时代领跑者。他们身上承载和彰显的劳模精神一直发挥着引领作用，丰富和拓展了中国精神内涵，充分展现了我国广大劳动群众的高度自信，已成为社会主义核心价值体系的重要组成部分。

劳模精神是劳模之所以成为劳模，而在平凡岗位上做出不平凡业绩所坚持、坚守、坚定的基本信念、价值追求、人生境界及其展现出的整体精神风貌。习近平总书记曾指出："在长期实践中，我们培育形成了爱岗敬业、争创一流、艰苦奋斗、勇于创新、淡泊名利、甘于奉献的劳模精神。"习近平总书记关于劳模精神的表述，是对新时代劳动模范这一群体所展现的宝贵精神的总结，为科学理解和大力弘扬劳模精神提供了正确的方向和指导。这二十四字劳模精神在任何时候都需要，都不过时，是伟大时代精神的生动体现。

劳模精神引领时代精神，劳模价值创造社会价值。尽管每个时代的劳模群体都不同，以体现对不同劳动价值的肯定，但从总的趋势来看，社会对劳动价值的评判，正在从"出大力，流大汗""苦干加巧干"，向知识型、技能型、创新型方向转变。这样的变化，正是中华人民共和国从一个农业社会、一个封闭自足的社会，向工业化、现代化、世界化社会转变的体现。每一个时代所推举出的劳模，都代表着该时代的先进生产力和健康向上的力量，并且劳模精神的本质是永远不变的。它包括爱岗敬业、为国为民的主人翁精神，争创一流、与时俱进的进取精神，艰苦奋斗、艰难创业的拼搏精神，勇于创新、不断改进的开拓精神，淡泊名利、默默耕耘的"老黄牛"精神，甘于奉献、乐于服务的忘我精神，紧密协作、相互关爱的团队精神。

新时代劳模精神不仅体现在艰苦创业、踏实苦干上，更表现为不断学习新知识，刻苦钻研新技术，努力掌握新本领，持续增强学习能力、创新能力、竞争能力和创业能力。进入新时代，要深刻把握劳模精神的崭新意蕴与当代价值，大力弘扬劳模精神，推动全社会形成尊重劳动、劳动光荣的良好风尚。

2. 劳模精神的基本内涵

劳动模范是优秀劳动者的典型代表，劳模精神激励了千千万万普通劳动者坚守信念、立足岗位、开拓创新、建功立业。"爱岗敬业、争创一流、艰苦奋斗、勇于创新、淡泊名利、甘于奉献"的劳模精神是一个有机整体，集中彰显了刻苦勤勉、兢兢业业、敦本务实、埋头苦干的实干精神；持之以恒、孜孜不倦、锲而不舍、牢记使命的坚守精神；淡泊名利、甘于奉献、不图回报、不计得失的无私精神。它是中华优秀传统文化、革命文化、社会主义先进文化以及社会主义核心价值观的集中体现。深入考察劳模精神的丰富内涵，清晰阐释劳模精神的内在逻辑，准确判断劳模和劳模精神研究的学术方位，对于解读劳模本质、探究劳模品格、宣传劳模价值和弘扬践行劳模精神，具有重要的理论价值和重大的实践意义。

3. 新时代下的劳模精神

(1) 劳模精神与社会主义核心价值观相融相通。

劳动模范和先进工作者"爱岗敬业、争创一流、艰苦奋斗、勇于创新、淡泊名利、甘于奉献"的劳模精神，生动诠释了社会主义核心价值观，是人们的宝贵精神财富和强大精神力量。而社会主义核心价值观传承着中华优秀传统文化的基因，寄托着近代以来中国人民上下求索、历经千辛万苦确立的理想和信念，也承载着每个人的美好愿景。劳模精神作为民族精神和时代精神的重要内容，与社会主义核心价值观在文化传承、教育导向、爱国情怀、道德提升等方面高度契合。作为个体，劳动模范以"爱国、敬业、诚信、友善"为行为准则，是个人践行的典范；作为公民，劳动模范以"自由、平等、公正、法治"为社会价值取向，是价值引领的旗帜；作为人民一分子，劳动模范以"富强、民主、文明、和谐"为奋斗目标，将"小我"融入国家发展的潮流中，是价值实现的楷模。

(2) 劳模精神与工匠精神相辅相成。

党的十九大报告提出："要建设知识型、技能型、创新型劳动者大军，弘扬劳模精神和工匠精神，营造劳动光荣的社会风尚和精益求精的敬业风气。"劳模精神和工匠精神这两种精神的内涵具有共同特征：都继承了中华优秀传统文化中劳动文化的精髓，具有共同的文化底蕴；都立足于职业岗位，取得了突出业绩，做出了重要贡献，具有共同的价值导向；都练就了卓越技能，用个人的劳动实践阐释了劳动的境界，具有共同的价值实现。习近平总书记明确指出："劳模精神、劳动精神、工匠精神是以爱国主义为核心的民族精神和以改革创新为核心的时代精神的生动体现。"

(3) 劳模精神与中华民族伟大复兴相托相生。

实现中华民族伟大复兴的中国梦，是中华民族近代以来最伟大的梦想，这个梦想凝聚了几代中国人的夙愿。现在比历史上任何时期都更接近这一目标，但也要清醒地认识到，中国特色社会主义事业大厦是靠一砖一瓦砌成的，人民的幸福是靠一点一滴创造得来的。全体中华儿女需要众志成城、万众一心，把一切力量都凝聚起来，把一切积极因素都调动起来，以劳动托起中国梦。如果每一位劳动者都能身体力行，做劳模精神的践行者，做新时代的奋斗者，那么，中国梦照进的现实，正是每一个中国人用奋斗赢得的未来。

4. 践行劳模精神

"十四五"时期，我国开启了全面建设社会主义现代化国家的新征程，继往开来、再创辉煌是新形势下广大人民群众务必扛起来的时代重任。进入高质量发展阶段，我国社会主要矛盾的变化带来了诸多新特征新要求，错综复杂的国际环境带来了诸多新矛盾新挑战。面对各类风险挑战，接续奋斗、闯关夺隘，必须大力发扬、践行劳模精神。

(1) 淡泊名利，甘于奉献。

人生最快乐的事，莫过于为理想而奋斗。在这个世界上，除了名利之外，还有更高的境界和价值值得人们为之奋斗，为之奉献，乃至牺牲。综观广大劳动模范，他们正是把个人追求与国家发展、社会进步紧密联结在一起，以淡泊名利、无私奉献的人生境界和高尚品格拓展了生命的维度，为人们留下了宝贵的精神财富。

淡泊名利、甘于奉献也是中华民族精神的重要组成部分。"新时期的铁人"王启民曾说过："获得国家勋章、国家荣誉称号的每个人都有共同的特点，就是忠诚、执着、朴实。追求'短、平、快'，当不了英雄；想着'名、利、奖'，造不出伟大。"一个国家、一个民族的生存和发展，需要千千万万个脚踏实地的行动者和默默耕耘的奉献者，无论贫富贵贱、穷达逆顺，都要始终保持定力、坚守初心，克服急功近利的浮躁，远离追名逐利的彷徨，不谋一己之得失，而忧事业之兴衰；无论从事什么工作，都要始终做到吃苦在前、享受在后，勤奋敬业、任劳任怨，勇于创新、敢于担当，脚踏实地干出一番事业，成就有价值的人生。

劳动风采录

平凡而又不平凡的人

"一座铁塔一座山，一双脚板儿走半天。"分布在秦岭深处的输电铁塔大多建在山顶，对巡视和维护输电线路的工人们来说，负重登山是他们开工之前的热身动作。

周红亮是国网陕西省电力有限公司宝鸡供电公司秦岭输电运维班班长，1995 年 6 月入职后，他穿上第一双绝缘鞋，从此便伴着绵延起伏的输电线路，一直走到了今天。

"29 年，我走过的路有 5 万多千米，穿坏的绝缘鞋有 80 多双。"周红亮说。

有一次，周红亮班组的检修任务是更换输电铁塔上那些达到使用期限的绝缘子，作为组长，他率先上阵。

"在塔上特别耗费体力，和地面完全不一样，危险程度也非常高，在铁塔上作业只有一个姿势，一天下来腿胳得直接就抽筋了。"周红亮说。

相比艰苦的环境，周红亮更看重自己工作的意义，因为这条输电线路直接关系到宝成铁路的运行和周边十几万群众的生产生活，尽管艰苦，他还是选择了坚守。2015 年，他被授予"全国劳动模范"荣誉称号。

"当时我特别兴奋，我到人民大会堂以后，习近平总书记跟我们说，中国特色社会主义事业是靠一砖一瓦砌成的，人民的幸福是靠一点一滴创造出来的。我觉得作为劳模应该像总书记说的那样，淡泊名利，甘于奉献。"他是这样说的，也是这样做的。他用劳模精神激励自己，也激励周边的人。

(2) 哪里需要，就在哪里。

没有豪言壮语，没有轰轰烈烈，哪里需要，就总有一群人默默无闻地出现在哪里，踏踏实实地从事着平凡而神圣的工作。伟大出自平凡，英雄来自人民。在我国社会主义革命、建设、改革的非凡历程中，一代又一代劳动者顽强拼搏、不懈奋斗，涌现出无数感天动地的劳动模范。他们以高度的主人翁责任感、卓越的劳动创造、忘我的拼搏奉献，为全国各族人民树立了学习的榜样。他们如同一块砖，哪里需要、哪里艰苦，就往哪里搬。正是一代又一代劳模用他们对事业的尊重与热爱、坚守与奉献、拼搏与进取，在中华人民共和国 70 多年的历史中，在祖国 960 多万平方千米的土地上，种下了一粒粒平凡却坚韧的种子，既收获了绚丽的人生篇章，也助力了国家的复兴与时代的进步。

劳动风采录

我们身边的劳模

谢海英，副教授，宜春职业技术学院学生工作处处长、机关第六党支部书记，学生们的暖心"妈妈"。有着34年工龄、30年党龄的她，一路耕耘，一路奋进，一路精彩，先后荣获"新时代赣鄱先锋——一心为民好支书"、江西省巾帼建功标兵、宜春市先进工作者、宜春市教育工作突出贡献个人、市直机关优秀共产党员、"宜春好人"等荣誉。2024年被授予江西省五一劳动奖章。

谢海英从事学生管理工作34年，始终牢记"立德树人"的根本任务，践行"爱生如子"的育人理念，坚守"学生有知心话语到场、学生有疑难问题到场、学生有集体活动到场、学生有安全险情到场"的工作原则。为确保学生和家长能随时随地联系到自己，她主动公开手机号码，保持手机24小时通畅，第一时间为学生和家长排忧解难，确保事事有答复、件件有回应。

身为一名共产党员，谢海英倾心教育扶贫，致力推动学校干部、党员教师开展"一对一"帮扶、"让我的爱送你回家"等爱心活动。为帮助深度贫困地区的学生，她带领支部党员为藏族学生扎西捐助路费3000余元，向少数民族地区新疆喀什叶城县宗朗乡巴什康萨依村捐助过冬衣物140余件，近年先后到江西省宜春市万载县马步乡洞口村、青海省海东互助土族自治县等地的建档立卡户学生家中走访，去贫困学生打工地看望、鼓励他们，不仅从物质上帮扶他们，更从精神上引导他们。她组织学生代表到优秀毕业生家乡参观学习，用身边的榜样感染学生。

她根据学生成长成才的需求，积极搭建育人平台，做到思想引领、文化活动、精细管理有机结合；她坚持思想引领，常常为支部党员上党课，在"不忘初心、牢记使命"主题教育微党课大赛中获一等奖；她坚持开展"四亮三联""讲述初心故事，畅谈使命担当""每天一点点""读一本好书"等活动，提升党员思想境界和履职能力；她组织成立"辅导员宣讲团"，在全校各班级开展党史巡讲活动150余场，让青年学子从党史中汲取奋进力量；她组织、指导学生参加省大学生党的知识竞答赛，获得团体奖4项、优秀组织奖2项、"优秀指导老师"2次；她深化学思践悟，围绕"党建+"工作创特色，创建的"爱生如子，匠心育人"党建品牌，2021年被评为学校优秀党建特色品牌。机关第六党支部2024年入选全省党建工作样板支部。

谢海英以校为家，以实干促落实，以制度促规范。她慈爱为怀，心细如发，常与学生零距离交流，早出晚归已习惯，住在学生宿舍已成常态。每到新生入校时，她总是最忙碌的那个，大事小情，千头万绪，只恨分身乏术。从清晨到深夜，从调度车辆、组织人员到督促迎新服务，她就像一个高速运转的陀螺，不知疲累，直到把当天最后一名到校学生安排入住后才迎着晚风，踏上归家之路。在她所挚爱的事业上，她永远是一个追梦人。

(3) 见贤思齐，争做劳模。

提起劳动模范，人们也许第一时间会想起那些科技工作者、高级知识分子、大国工匠等，但实际上，身边的劳模随处可见。从公交司机赵延昌、保洁班班长蔡凤辉、雷锋传人郭明义到印刷工人刘康东、普通农民冯永春、人民调解员阳昌绍，还有很多劳模来自人民大众，他们在各自的岗位上踏踏实实、认认真真地做好本职工作，是每个人身边最现实、最生动、看得见、摸得着的劳模，也是每个人见贤思齐、争做劳模的榜样。

"一个榜样胜过书上二十条教诲。"习近平总书记也说："全社会要崇尚劳动、见贤思齐，加大对劳动模范和先进工作者的宣传力度，讲好劳模故事……"榜样的力量是无穷的，而见贤思齐是对榜样最好的回应。生活中有太多值得学习的榜样，不管是轰轰烈烈的科技工作者，还是默默奉献的平凡者，他们身上的优秀品质都是值得学习的，学习榜样事迹，传承榜样精神，继承榜样品格，在一点一滴中完善自己，从小事小节上修炼自己，以自己的实际行动学习榜样、保持先进、赶超模范。

一个人立志、立德、立业、立身，需要榜样引领。时时处处向榜样学习，就有了人生奋斗的目标、比学赶超的方向、砥砺成长成才的动力，就能不断升华精神境界，在争做榜样中书写精彩的人生。今天，中国正在发生日新月异的变化，比历史上任何时期都更加接近实现中华民族伟大复兴的目标。要实现这个目标，需要劳模，需要劳模精神。高职生同样要铭记习近平总书记的谆谆教导，以劳模为榜样，以劳模精神激励自己，见贤思齐，在思想上和行动上向劳模学习，为实现中华民族伟大复兴的中国梦而努力奋斗！

三、工匠精神

中国特色社会主义进入新时代，我国社会主要矛盾已经转化为人民日益增长的美好生活需要和不平衡不充分的发展之间的矛盾。"品质革命"已经席卷中国大地，"没有最好，只有更好"的"品质精神"是工匠精神的"根"与"魂"，应成为各领域的行业标准。

1. 工匠精神的基本内涵

工匠精神是每一位不甘于平庸的劳动者在平凡的工作中不断对自己提出更高的要求，并不断自我超越、自我提升、自我完善，始终追求做更好的自己时所表现出的工作态度、工作境界、工作习惯以及整体工作精神风貌。工匠精神属于职业精神的范畴，是从业人员的一种职业价值取向和行为表现，与其人生观和价值观紧密相连，是从业过程中对职业的态度和精神理念。具体而言，它是指从业人员，尤其是工匠们，对产品精雕细琢、精益求精的理念，强调不断雕琢产品、改善工艺、享受产品的升华。工匠精神的核心是对品质的追求，工匠精神的目标是打造本行业的精品。2020年11月24日，习近平总书记在全国劳动模范和先进工作者表彰大会上指出："在长期实践中，我们培育形成了……执着专注、精益求精、一丝不苟、追求卓越的工匠精神。"其基本内涵包括敬业、精益、专注、严谨、踏实。

1) 全身心投入的敬业精神

敬业是从业者基于对职业的敬畏和热爱而产生的一种全身心投入的认认真真、尽职尽责的职业精神状态。中华民族历来有"敬业乐群""忠于职守"的传统，敬业是中国人的传统美德，也是当今社会主义核心价值观的基本内容之一。早在春秋时期，孔子就主张人在一生中始终要"事思敬""执事敬""修己以敬"。"事思敬"，是指要敬业勤恳，专心致志不懈怠；"执事敬"，是指行事要严肃认真不怠慢；"修己以敬"，是指加强自身修养保持恭敬谦逊的态度。宋代大思想家朱熹则将"敬业"解释为"专心致志，以事其业"。敬业是工匠精神的最基本要求和体现。

2) 追求卓越的精益精神

精益即精益求精，是指对精品的执着坚持和追求，孜孜不倦，反复改进，不断完善，将产品品质从 99% 提高到 99.99%。精益求精是从业者对每件产品、每道工序都凝心聚力、追求极致的职业品质。正如老子所说："天下大事，必作于细。"能基业长青的企业，无不是精益求精才获得成功的。创立 300 多年的同仁堂，正是始终恪守"炮制虽繁必不敢省人工，品味虽贵必不敢减物力"的理念，精益求精，追求精湛工艺，从而赢得了国内外人士的广泛赞誉和青睐。

3) 持之以恒的专注精神

专注就是指内心笃定而着眼于细节的耐心、执着坚持的精神，并做到忠于职守，这是一切大国工匠所必须具备的精神特质。从中外实践经验来看，工匠精神都意味着一种执着，即一种几十年如一日的坚持与韧性。成功的工匠大都"术业有专攻"，他们一旦选定行业，就一门心思扎根下去，心无旁骛，在一个细分产品上不断积累优势，不断攀登、追求卓越。

4) 一丝不苟的严谨精神

严谨精神，就是指严密、谨慎、细致的精神。真正的工匠一丝不苟、严谨执着，他们精雕于作品的细致入微，精进于事业的精益求精。作为一名从业人员，理应严格遵循工作标准，杜绝粗心大意、随意和盲目，在精、细、实上认真做好工作的每一个细小环节。因为细节决定成败，细节成就伟大。

5) 寓巧于拙的踏实精神

踏实精神，就是指工作之时务实、不浮躁的精神。真正的工匠都踏实且务实，他们能执着于简单的事情重复做，勤勤恳恳，兢兢业业，从而练就了炉火纯青、登峰造极的技艺。在工作中，真正的工匠要做到扔掉"花架子"，杜绝浮躁，摒弃好高骛远，踏实努力，埋头苦干，以"笨功夫"练就自己的真本事。

2. 工匠精神的本质追求

(1) 国家层面：从制造大国变为制造强国。

国家富强、民族振兴、人民幸福是中华民族伟大复兴的中国梦的基本内涵。中国梦本质上反映了中华民族始终坚守和传承的一种信仰，而工匠精神则是对这种信仰的一种务实追求。

中国已是名副其实的制造业大国，小到鞋、袜、打火机，大到家电、汽车、轮船，几乎涵盖所有行业，中国制造在全球都广受欢迎，并且市场仍在不断拓展。但是，中国却不是制造强国，与世界制造业强国相比，我国一些产品在质量、工艺和设计水平等方面还存在差距。这就需要创造具有工匠精神的社会环境，需要建立培育工匠精神的制度，需要培养大批具备工匠精神的人才队伍。

没有工匠精神，就不可能打造金字招牌的中国制造。工匠精神要求企业在产品的个性化、质量和档次上下功夫，要人无我有、人有我精，而非千篇一律；要追求质量，而非粗制滥造。互联网时代，工匠精神不仅体现了对产品精心打造、精工制作的追求，还要求不断吸纳最前沿技术，创造出新成果。

弘扬工匠精神，将在全社会倡导一种"做专、做精、做细、做实"的作风；树立工匠精神，将带动我国的制造业从中低端走向中高端，推动我国从"制造大国"变为"制造强国"。

(2) 企业层面：深耕细作，提升质量。

中国企业数量众多，但生命周期短，能做强做大的企业寥寥无几。中国企业不乏实力雄厚者，能在全球叫得响的品牌却是凤毛麟角。那么，为什么中国企业无法长寿，为什么中国企业无法创造世界美誉？原因之一恐怕就是，中国企业缺乏工匠精神，工匠精神传承做得还远远不够。如今，我国有两百多种工业品产量居世界第一，是名副其实的"世界工厂"，然而在全球市场上，谈起品质和质量，却很少把中国制造排在前端。诚然，改革开放以来，中国经历了令全世界瞩目的高速发展时期，已经积累了充足的生产供给。但是在快速发展并创造充足供应的同时，一些中国企业忽视了对产品质量的重视和保障。中国制造产量大、附加值偏低，产品主要集中在中低端市场，知名的国际品牌较少，中国企业的转型升级需要更多具有工匠精神的企业管理者和员工。

当前，工业发展进入 4.0 时代，"中国制造"正在向"中国创造"强力挺进，中国庞大的制造业正在产业转型、产品转型、工艺转型中增品种、提品质、创品牌，谋求质的飞跃，国家的供给侧结构性改革对我国生产服务质量也提出了新的要求。在此背景下，我国更需要工匠精神的回归。正确看待工匠精神，努力培育工匠精神，认真践行工匠精神，是每一个企业在新的经济背景下发展的必经之路。

(3) 个人层面：认真敬业，一丝不苟。

工匠精神落在个人层面，就是一种认真精神、敬业精神。其核心是：不是仅把工作当作生存的工具，而是树立起对职业敬畏、对工作执着、对产品负责的态度，极其注重细节，不断追求完美和极致，给客户无可挑剔的体验。与工匠精神相对的，则是"差不多"的态度。个人要摒弃这种"差不多"的想法，将一丝不苟、精益求精的工匠精神融入每一个环节，做出打动人心的一流产品。

3. 新时代下的工匠精神

20 世纪初，"中国铁路之父"詹天佑以自力更生、艰苦奋斗的精神主持修建了京张铁路，为当时饱受列强欺凌的中国人民争了一口气。中华人民共和国成立以后，我国又涌现出郝建秀、饶斌等一批不畏艰难、勇于奉献的时代先驱们，他们历经几十年的发愤图强，为中华人民共和国打造出完整的工业体系。新时代下，中国出现了更多的"詹天佑""郝建秀""饶斌"，他们是给火箭焊"心脏"的高凤林，是为中国梦"提速"的"高铁焊接大师"李万君，是一丝一毫提升"中国精度"的夏立，是守护灯火万家、勇攀世界带电作业巅峰的王进……还有华为这样有民族担当的企业，在 40 多年的改革大潮中，心无旁骛、始终如一地视质量为生命，在世界之林挺起中国制造的脊梁。

如今，"中国制造"已然成为中国不可小觑的国家名片，"世界工厂"已经成为中国的称号。然而，制造大国而非强国的处境以及质量、品牌的差距为"中国制造"带来一些遗憾，也带来了新的挑战。新时代，我国实施制造强国战略，发布强国战略第一个十年纲领《中国制造 2025》，工匠精神的价值更是呼之欲出。

品牌是企业走向世界的通行证，也是国家竞争力的重要体现、国家形象的亮丽名片。近年来，我国品牌建设取得长足进步，但在国际上真正叫得响的品牌还不多，这与我国作为世界第二大经济体、第一制造业大国的地位不相称。提升品牌形象，要求把工匠精神融入设计、生产、经营的每一个环节，做到精雕细琢、追求完美，实现产品从"重量"到"重质"的提升。新时代，要通过弘扬工匠精神，让每个劳动者恪尽职业操守，崇尚精益求精，进而培育众多大国工匠，不断提高产品质量，打造更多享誉世界的中国品牌，建设品牌强国。

知识拓展

学习劳模，到底应该学什么

挥洒汗水，彰显劳动者的价值；撸起袖子，干出劳动者的风采。每一年，都有许多名字被载入全国劳动模范和先进工作者光荣榜。他们在平凡岗位上创造了不平凡的业绩，在实现中国梦伟大进程中拼搏奋斗、争创一流、勇攀高峰。

(1) 要学习他们身上闪耀的信仰光彩。这些劳模身上有一个共同点，那就是穿越眼前的迷雾，相信并为美好的未来而奋斗。重温他们的故事，想想这些平凡人何以把不可能变为可能，心底就会有"信仰"，眼中就会有光彩，便能走过风雨看到彩虹。

(2) 要学习他们实干苦干的拼搏劲头。劲头就是诚实劳动、真抓实干的干劲。广大劳动模范勤勉劳动、艰苦奋斗、苦干实干、奔跑追梦，要学习他们身上所展现出的干劲、闯劲、钻劲，争做新时代的奋斗者。

(3) 要学习他们创业创新的开拓进取。抓创新就是抓发展，谋创新就是谋未来。许多劳模身上都涌动着创造、创新、创业的激情。作为新时代的劳动者，更应将劳模精神融入创新驱动发展潮流，不断提升自身素质，让劳动更有质量和效率。

★ 活动与评价 ★

活动一：向生活中的劳动者致敬

(1) 活动宗旨：通过对劳动形态的总体把握，理解每一种职业都是有价值的劳动岗位；观察和了解身边的劳动者，树立崇尚劳动、尊重劳动者的意识；用自己的实际行动表达对各类劳动者的敬意。

(2) 活动时间：1 周。

(3) 活动主体：全班同学。

(4) 活动过程：

① 现场观察。学生分小组对生活中的劳动者进行观察，了解生活中都有哪些常见的职业，有哪些类型的劳动者。

② 实践调查。各小组调查全校同学对劳动者的评价，了解大家对各类劳动者的真实态度。

③ 总结交流。各小组结合调查进行交流，归纳生活中的各类劳动者，总结大家对于各类劳动者的态度，讨论应该怎样对待不同岗位的劳动者。

④ 劳动写真。用拍摄照片、视频及文字描述等形式捕捉生活中各个岗位上劳动者的精彩瞬间。(每小组提交 3 个作品)

⑤ 公开展示。将记录生活中劳动者美丽瞬间的作品进行展示，让同学们直观地了解各类劳动者之美。

⑥ 将活动实施的过程和结果记录在表 5-1 中。

表 5-1 "向生活中的劳动者致敬" ——实践活动记录表

小组名称		组长	
成员及分工	组员 1:		
	组员 2:		
	组员 3:		
	……		
劳动者的类型和职业			
对劳动者评价调查结果的讨论记录和总结			
劳动写真内容的记录			
同学们对劳动写真的评价			

活动二：歌颂身边的劳动模范

(1) 活动宗旨：通过本次活动，感悟劳动者的奋斗精神和奉献精神。

(2) 活动时间：1 周。

(3) 活动主体：全班同学。

(4) 活动过程：

① 把班级成员分为若干小组，寻找自己身边的劳动模范，采访他们的劳动故事，感受劳模精神。

② 各小组讨论交流，整理访谈记录，根据此次访谈的内容，写一篇歌颂劳动模范的演讲稿，并在班级内进行演讲比赛活动。

③ 评选出最佳采访小组、最佳演讲稿、最佳演讲人等。

④ 将采访的内容及自己的总结感悟记录在表 5-2 中。

表 5-2　"歌颂身边的劳动模范"——劳模访谈记录表

小组名称		组长	
成员及分工	组员 1：		
	组员 2：		
	组员 3：		
	……		

访谈对象	
访谈内容	
总结感悟	我的角色：
	我的收获：
	我的不足：
	改进措施：

活动三：弘扬工匠精神，传承时代文化

(1) 活动宗旨：营造学生学习工匠精神的氛围，强化学生学好技能的意识；深化学生对工匠精神的认识，让更多的学生能专注于某一范畴深耕细作，将事情做到极致。

(2) 活动时间：4 周。

(3) 活动主体：全班同学。

(4) 活动过程：

① 开展工匠精神理论培训活动。班主任向全班学生做活动动员，让学生了解工匠精

神主题活动的内容及相关的活动安排，启动本次主题教育活动。同时利用宣传栏、主题班会等形式，宣传工匠精神提出的背景及内涵等，营造活动氛围。

②开展工匠精神视频教育活动。通过观看纪录片《大国工匠》，了解 10 个工匠"10 双劳动的手"所缔造的神话，让学生感知原来还有这样一群人的存在，体会能够数十年如一日地追求职业技能的极致化，以及靠着传承和钻研，凭着专注和坚守，缔造了一个又一个的"中国制造"神话故事的执着精神。

③开展工匠精神主题讨论活动。班主任组织学生集中开展工匠精神的主题讨论，让学生明确工匠精神的实质与内涵，通过对工匠精神的认识，树立严谨、精益求精、追求极致的信念。

④开展工匠精神征文比赛活动。通过征文比赛，增强对自身责任和使命的认识，让工匠精神在全校形成一种共识，使其成为学生在学校学习的内在支撑。

⑤活动结束后，将活动实施的过程、结果及对自己的启发记录在表 5-3 中。

表 5-3　"弘扬工匠精神，传承时代文化"——工匠精神实践活动记录表

活动时间：　　月　　日至　　月　　日　　　　　　　指导教师：

理论培训记录	
视频教育活动的收获	
主要讨论活动记录	
征文比赛活动记录	
工匠精神实践活动对自己的启发	

【活动评价】

请对上述活动进行评价（见表 5-4）。

表 5-4　活 动 评 价 表

评 价 内 容	评 价 情 况			
	自我评价 (20%)	小组评价 (30%)	教师评价 (50%)	最终评价
活动中的劳动态度情况 (20 分)				
活动中的劳动表现情况 (30 分)				
活动中的劳动成果情况 (30 分)				
活动中体现的团队合作能力 (20 分)				

单元六

自强自立，劳动需要创新

人类是劳动创造的，社会是劳动创造的。劳动没有高低贵贱之分，任何一份职业都很光荣。广大劳动群众要立足本职岗位诚实劳动。无论从事什么劳动，都要干一行、爱一行、钻一行。

——习近平总书记在知识分子、劳动模范、青年代表座谈会上的讲话（2016 年 4 月 26 日）

知识传递

劳动是人的基本实践活动，是创新的基础。创新始于劳动，创新是引领发展的第一动力，是建设现代化经济体系的战略支撑。新时代青年学生要不断钻研科学技术，全面提升勇于创新的本领，要锐意进取、富于想象、善于批判、敢于表现、勇于创新，不断增强善于创造的能力，为中国特色社会主义现代化发展和建设做出突出贡献。

一、干一行，爱一行

"干一行，爱一行，钻一行。""三百六十行，行行出状元。"人民教师三尺讲台教书育人，快递小哥方便千家万户，环卫工人守护一方洁净……一切劳动（无论是体力劳动，还是脑力劳动），一切创造（无论是个人创造，还是集体创造），都值得尊重和鼓励。深耕一行，挚爱一行，犹如米开朗琪罗倾注心血于雕塑，莎士比亚挥洒才情于诗篇，贝多芬激昂奏响交响乐章，爱迪生沉浸在实验室的每一次尝试。青年应该要有把一生献给一个职业的理想，应该要有干一行、爱一行的匠人精神。很多时候，人们的幸福感并非源自外界的职业标签，而是根植于内心那份对工作的热爱与坚持的力量。

1. "干一行，爱一行"的价值导向

干一行，就要爱一行。三心二意、心猿意马，是不能把工作干好的。习近平总书记指出："心浮气躁，朝三暮四，学一门丢一门，干一行弃一行，无论为学还是创业，都是最忌讳的。"

劳动风采录

宁愿一人脏，换来万家净

1915 年 9 月，时传祥出生在山东德州齐河县一个贫苦农民家庭，14 岁逃荒流落到北京城郊宣武门一家私人粪厂，受生活所迫当起了掏粪工。中华人民共和国成立后，受尽粪霸压迫的他在 1949 年进入北京市崇文区清洁队工作，以"宁肯一人脏，换来万户净"的崇高精神，受到了党和人民的高度赞扬，成为全国著名劳动模范，第三届全国人大代表。

从一个旧社会受人压迫剥削的"粪花子"到成为中华人民共和国的一名清洁工人，时传祥感到无比幸福，并把这种幸福感化作无穷的力量，投入首都环卫事业和中华人民共和

国建设中。在中华人民共和国成立后的十七八年里，时传祥无冬无夏地、挨家挨户地给北京群众淘粪扫污。他几乎没有闲暇时间，稍有空闲就到处问问闻闻，走走看看。

时传祥带着对党和人民报恩的朴素感情，努力劳动，苦干加巧干，还进行技术革新，带领大家共同进步，在掏粪工人中享有很高的威信，被工友们推选为前门粪业工人工会委员兼工会小组长。当时，北京市人民政府为了体现对清洁工人劳动的尊重，不仅规定他们的工资高于别的行业，而且想办法减轻掏粪工人的劳动强度，把过去送粪的轱辘车全部换成汽车。运输工具改善之后，时传祥合理计算工时，挖掘潜力，把过去7个人一班的大班，改为5个人一班的小班。他带领全班由过去每人每班背50桶增加到80桶，他自己则每班背90桶，最多每班掏粪背粪达5吨。管区内的居民享受到了清洁优美的环境，而他背粪的右肩常年肿胀，被磨出一层厚厚的老茧。

时传祥干工作从不分份内份外，谁家的墙头倒了，他就主动给砌好；谁家的厕所没有挖坑，他就带上工具给挖好。时间一长，他不仅成了百姓尊敬和信赖的朋友，还赢得了全社会的尊重。他于1956年11月加入中国共产党；1958年当选为北京市政协委员；1959年被评为全国劳动模范，同年在全国群英会上受到国家主席刘少奇的接见；1966年国庆观礼，作为北京市观礼团副团长受到毛泽东主席的接见。

时传祥不仅自己一生投身于首都的环卫事业，还非常关心环卫事业的后继与发展。在他的提议下，自1962年开始，清洁队陆续分来一批初高中毕业生，时传祥担任原崇文区清洁队"青年班"班长，担负起这些年轻人的传帮带任务。他通过言传身教，帮助青年人树立了"工作无贵贱、行业无尊卑"的为人民服务的思想，带出了一个思想过硬、业务一流的青年班，为环卫三队日后不断涌现的劳动模范和先进人物奠定了坚实的基础。

1975年5月19日，时传祥去世。去世前他将4个子女叫到身边对他们说："我淘了一辈子大粪，旧社会被人看不起，但我对掏粪是有感情的。我向主席汇报工作时说，各行各业都需要有人接班，我唯一的一个愿望是你们接好我的班，这个班不是我个人的班，这是党和国家的班！"在时传祥的感召下，他的4个子女全部进入环卫战线工作，甚至他的孙女时新春，也成了时家的第三代环卫工人，继续发扬"宁愿一人脏、换来万家净"的时传祥精神。

艺术家吕远曾评价说："时传祥这个终身在粪便中劳动的人，实在是一个纯洁的人，是一个像莲花一样出淤泥而不染的品格高尚的人。"在21世纪，时传祥精神依然如莲花绽放着洁净而纯粹的魅力。

掏粪工人时传祥、公交车售票员李素丽、水电工人徐虎、邮递员王顺友……无数个从平凡岗位上干出来的劳动模范，传递着鲜明的价值导向：劳动没有高低贵贱之分，一切劳动，无论是体力劳动还是脑力劳动，都值得尊重和鼓励。

"干一行，爱一行"就是要认真对待工作，恪尽职守，爱岗敬业。首先从道德上讲，"干一行，爱一行"是社会主义职业道德的基本要求，同样是无私奉献精神的体现。新时代的青年学生更需要以祖国和人民的利益为重，不管将来从事什么工作，都应该积极投入其中，奉献自我，实现自身的价值。其次从现实来看，当今中国虽然在很多"干一行，爱一行"的奉献者的努力下快速发展，但由于人口压力使就业情况不容乐观，在日趋激烈的竞争中，能找到令自己满意的工作已是难上加难，如果不用心工作，则终会一事无成。

2. "干一行，爱一行"的精神体现

"干一行，爱一行"是爱岗敬业精神的最好体现，也是当今社会用人单位挑选人才的一项至关重要的标准。但职业发展不应局限于现有领域，那些自己尚未涉足的领域，或许正蕴藏着个人更大的潜力。发光的不都是金子，但只要是金子，一定会发光！

从职业道德来分析，"干一行，爱一行"是社会主义职业道德中一个最基本、最普遍、最重要的要求，是职业道德的基本精神。在每一个具体岗位上，不论平凡与否，高低与否，贵贱与否，都应忠于职守，不计得失，兢兢业业，任劳任怨，一丝不苟，具有高度负责的职业精神和道德。每个人都有责任、有义务、责无旁贷地去做好本职工作，这是一种良好的人生态度。由此，"干一行，爱一行"应当是当今时代需要大力倡导和积极弘扬的高贵品质。

"干一行，爱一行"的实质更是雷锋精神的体现。在新时期，学习雷锋精神，应在择业与工作中更多地考虑社会，考虑祖国，考虑人民的需要，而不应把个人的利益置于集体利益之上。在具体的岗位上，人人都要有甘当革命"螺丝钉"的意识。

劳动风采录

雷锋的螺丝钉精神

雷锋，原名雷正兴，湖南望城人。1940年，他出生于一个贫苦的农民家庭，7岁时不幸成为孤儿。中华人民共和国成立后，雷锋积极参加了儿童团，思想愈发进步；与此同时，在新旧社会的强烈对比下，他的革命信念也愈发坚定。

1956年夏，小学毕业后的雷锋参加了工作，先是在乡政府当通信员，后因工作出色，被调往县里做公务员。在望城的山间小道上，一颗小小的螺丝钉同时映入了张书记和雷锋的眼帘。小雷锋当时蹦蹦跳跳，一脚踢飞了螺丝钉。张书记却上前几步，弯腰捡起来，把

螺丝钉上的灰擦干净，郑重地交给雷锋说："留着，会有用处的。"就这样一弯腰，一句话，一个老共产党员的言行竟然影响了一个年轻人的一生。

在后来雷锋的日记中，螺丝钉被反复思索，终于形成了独特的"螺丝钉精神"。1960年1月12日，雷锋写道："虽然是细小的螺丝钉，是个细微的小齿轮，然而如果缺了它，那整个的机器就无法运转了，漫说是缺了它，即使是一枚小螺丝钉没拧紧，一个小齿轮略有破损，也要使机器的运转发生故障的，尽管如此，但是再好的螺丝钉，再精密的齿轮，它若离开了机器这个整体，也不免要被当作废料，扔到废铁料仓库里去的。"1962年4月7日，雷锋再次写道："一个人的作用对于革命事业来说，就如一架机器上的一颗螺丝钉。机器由于有许许多多螺丝钉的联结和固定，才成了一个坚实的整体，才能运转自如，发挥它巨大的工作能力，螺丝钉虽小，其作用是不可估量的，我愿永远做一颗螺丝钉。螺丝钉要经常保养和清洗才不会生锈。人的思想也是这样，要经常检查才不会出毛病。"1958年，鞍山钢铁公司到望城县招收工人。雷锋听到消息后，积极响应号召，他那"到祖国最需要的地方奉献光与热"的夙愿终于得以实现。在鞍钢工作期间，他成为一名出色的推土机手，并多次被评为"劳动模范""先进生产者"和"社会主义建设积极分子"。

1960年，雷锋应征入伍，成为一名汽车兵。在部队里，他继续发扬螺丝钉精神，全心全意为人民服务，为了人民的事业无私奉献。他乐于助人，留下了"雷锋出差一千里，好事做了一火车"的佳话。他勤俭节约，经常把省吃俭用攒下的钱捐给灾区和需要帮助的人们。他还十分关心少年儿童的成长，先后担任辽宁抚顺两所小学的少先队校外辅导员，帮助教育孩子们德智体美劳全面发展。见他如此不计回报，有人称他是"傻子"。对此，他回应道："我要做一个有利于人民、有利于国家的人。如果说这是'傻子'，那我是甘心愿意做这样的'傻子'的，革命需要这样的'傻子'，建设也需要这样的'傻子'。"1960年底，雷锋的先进模范事迹开始被广泛宣传报道，"雷锋"这个名字逐渐家喻户晓。但是，面对鲜花与掌声，他依然时刻提醒自己不能骄傲，要脚踏实地干好本职工作，继续做一颗螺丝钉。同年11月8日，雷锋光荣地加入中国共产党。然而，不幸的是，1962年8月15日，雷锋在一次执行运输任务时因意外而殉职，年仅22岁。在部队生活的这2年零8个月时间里，雷锋荣立二等功1次、三等功2次，先后被评为"模范共青团员""学习毛主席著作积极分子"，并当选抚顺市人大代表。

1963年3月5日，《人民日报》发表了毛泽东的题词——"向雷锋同志学习"，全国上下掀起了学习雷锋的热潮。此后，中华大地上涌现出一批又一批雷锋式的模范人物和学雷锋先进集体，他们将雷锋精神赓续传承、发扬光大，正如习近平总书记2018年在抚顺市参观雷锋纪念馆时所说："如果13亿多中国人、8900多万党员、400多万党组织都能学习雷锋精神，都能在自己的岗位上做一颗永不生锈的螺丝钉，我们的凝聚力、战斗力将无比强大，我们将无往而不胜。"

"干一行，爱一行"，有一分热就发一分光。洗车工、包装工、清洁工……这些岗位贫贱但不低贱；这些人们平凡而不平庸。"干一行，爱一行"是无私奉献精神的体现。珍惜所拥有的每一份工作与每一个岗位，致力于干一行、爱一行，并在岗位上不懈追求、精益求精，方能铸就岗位的辉煌成就。切莫以功利之心对待工作，仅聚焦于眼前的微小利益，而忽视了长远的职业发展与价值实现。须铭记，任何高回报的工作，皆源自当下的点滴努力与持续积累。

总而言之，"三百六十行，行行出状元！"越来越多的声音呼唤着：只有干好手头的工作，人生才有一个完美的结果！干一行，通一行；干一行，爱一行；精益求精，不断发展！

一生只为一事来

支月英，女，汉族，1961年5月生，江西进贤人，中共党员，江西省宜春市奉新县澡下镇白洋教学点教师。2019年10月1日，在北京举行的庆祝中华人民共和国成立70周年大会上，她作为"最美奋斗者"荣誉称号获得者，受邀来到天安门广场观礼。

支月英说："作为一名山村教师，能够亲临盛会，我觉得非常光荣。这份荣誉不光属于我自己，更属于所有基层教育工作者。"

2019年58岁的支月英，在大山深处从教已有39年。这39年里，陪伴山里的孩子们成长，是她生活的常态。她走得最多的是崎岖山路，想得最多的是如何教好深山里的孩子。一生只为一事来，从"支姐姐"到"支妈妈"再到"支奶奶"，支月英一直在山旮旯里坚守。

2016年5月，支月英已到退休年龄，本可回到县城安享晚年，但在乡亲们的挽留下，她选择留在白洋教学点任教。她说："我是大山的女儿，如果身体允许，我就一直教下去。"

岁月如梭，支月英以39年的爱与执着，以培育深山两代人的实际行动，谱写了一名人民教师的光荣诗篇。她先后获得了"全国优秀共产党员""全国教书育人楷模""全国岗位学雷锋标兵"等荣誉称号。"看到自己教过的孩子们学到了知识，学会了做人，走出了大山，在各行各业努力奋斗，我打心底高兴。我希望更多人才成为教师，让优秀的人去培养更优秀的人。这样，我们的民族就始终有希望，我们的国家就永远有未来。"支月英说。

这位平凡而又伟大的山区守望者，用行动彰显了什么是"干一行，爱一行"。正如央视"感动中国年度人物"颁奖词所说："你跋涉了许多路，总是围绕着大山；吃了很多苦，但给孩子们的都是甜……"

二、爱一行，钻一行

干一行，就要钻一行、精一行。习近平总书记指出："无论从事什么劳动，都要干一行、爱一行、钻一行。在工厂车间，就要弘扬'工匠精神'，精心打磨每一个零部件，生产优质的产品。在田间地头，就要精心耕作，努力赢得丰收。在商场店铺，就要笑迎天下客，童叟无欺，提供优质的服务。"古代大文学家、诗人苏轼说："书富如入海，百货皆有。人之精力，不能兼收尽取，但得其所欲求者尔。故愿学者每次作一意求之。"专注的力量，实乃不可思议之境界。倘若自己怀揣着专注致志之心，勇于面对一切挑战与困难，则自己所憧憬之愿景，必将一一实现。此乃必然之规律，亦是通往成功之巅最为坚实的阶梯。

劳动故事汇

庖 丁 解 牛

《庄子》里有一则故事。

古代有个名叫丁的厨师替梁惠王宰牛，手接触的地方，肩靠着的地方，脚踩着的地方，膝顶着的地方，都发出皮骨相离声，刀子刺进去时响声更大，这些声音没有不合乎音律的。它合乎《桑》舞乐的节拍，又合乎《经首》乐曲的节奏。

梁惠王说："嘻！好啊！你的技术怎么会高超到这种程度呢？"

庖丁放下刀子，说："我所用的不是技术，而是道。我刚开始杀牛的时候，眼中所看到的就是一头牛。三年之后，因为杀牛的经验多了，这时看到的就不是一头牛，而是牛的五脏、百骸、筋骨。现在我杀牛已经不是用眼睛看，而是凭着心领神会了。我依照牛身上的筋骨脉络，找到骨与骨相接以及骨与肉相接的地方下刀，我的刀锋只在筋骨缝隙之间出入，不仅没有阻碍，反而游刃有余、迎刃而解。"

他接着说："一般的厨子，因为用刀时又割又砍，所以一个月要换一把刀；好一点的厨师，他只用割的，不用砍的，所以一年换一把刀；我这把刀已经用了十九年，杀过数千头的牛，到现在还像新的一样锋利。虽然如此，我现在每当要肢解一头牛的时候，遇到筋骨盘结之处，还是不敢轻举妄动，总是先屏气凝神，充分地掌握牛的结构，稍稍动刀、缓缓下手，让牛在最不痛苦的情形之下被肢解完毕。这时我觉得很有成就感，才把刀子擦拭干净，好好收藏起来。"

故事中的庖丁，为什么在解牛的时候能游刃有余？正是他用"心"去做一件事情，把它做到出神入化，把它由技术提升到艺术的层次，这是"爱一行，钻一行"最完美的体现。如果一个人无论做什么事情都能始终保持热情，最大限度地发挥自己的创造潜力，那么平凡的人也能快乐地工作。

要想成为行家里手，就不能"当一天和尚撞一天钟"，不能有得过且过、凑合应付的思想。只有沉下心来干工作，心无旁骛钻业务，才能练就一身真本领，掌握一手好技术，在平凡的岗位上干出不平凡的业绩。当今世界，综合国力的竞争归根到底是人才的竞争、劳动者素质的竞争。广大劳动者只有精益求精、追求卓越，把"敬业"上升为"精业"，才能更好地适应事业发展需要。

"爱一行，钻一行"是对工作忠诚的表现。忠诚于工作才会有更出色的表现，才会积极进取，热情主动地去工作。

岁月或许能侵蚀个人的容颜，却磨灭不了内心的热情与对生活的挚爱。面对挑战，切勿因一时之困轻易放弃初衷与追求，否则终将碌碌无为；亦勿让周遭的不满与厌倦侵蚀心灵，使之成为常态，否则自己的思维将陷于懈怠，激情将消散无踪。踏踏实实工作，实实在在做人，坦坦荡荡生活，便能对生活、对工作、对社会和对自己忠诚。

干一行就得爱一行，爱一行就该钻一行，钻一行就会干出成绩、干成事业。为了实现中华民族伟大复兴的中国梦，每个人都应该努力发扬"爱一行，钻一行"的精神，充分发挥个人的主动性、积极性和创造性，不管扮演的是什么社会角色，都应该珍惜自己有限的生命，珍惜不断流逝的时间，不安于碌碌无为的现状，不满于小小的收获和进步，努力实现自我的人生价值，为社会的发展和进步贡献自己的力量。

劳动风采录

燕京第九景

在被誉为"新中国第一店"的北京市百货大楼前，一座半身铜像静静伫立（见图 6-1）。铜像塑造的是一位普通售货员——张秉贵。张秉贵 1918 年生于北京，是北京市百货大楼售货员，他以"为人民服务"的热忱，在平凡的岗位上练就了"一抓准""一口清"技艺和"一团火"服务精神，曾获得北京市优秀共产党员、全国劳动模范、北京市劳动模范、北京市特级售货员等荣誉称号。张秉贵曾在文章中写道："我们站的是社会主义柜台，这个柜台站好了，就能显示我们伟大的社会主义祖国的精神面貌。"为此，他从仪表着装上做起，不仅仪容整洁，售货时也始终面带微笑，以最饱满的状态面对每一位顾客。

图 6-1

1955 年，有着"新中国第一店"之称的北京市百货大楼开业时，已经 36 岁的张秉贵凭借多年的售货经验被破格录取，成为国营商场的售货员。在那个物资紧缺的年代，百货大楼每天都要接待大量来自全国各地的顾客，糖果柜台前更是经常排起长队。张秉贵发现，称糖和算账两个环节最耽误工夫。"得想办法让顾客少等几分钟……"张秉贵工作之余，在自己的床铺上搭上板凳当柜台，用小木块做糖果，反复练习称糖算账。他自己花钱先后买了 230 多种糖品尝，哪种糖味道最甜，哪种糖不粘牙，哪种糖适合嗓子不好的顾客……他都记得明明白白。

经过一段时间的训练和学习，张秉贵练就了售货"一抓准"和算账"一口清"的本领，并对每一种糖果的口味、特色、产地以及营养都了如指掌，不管顾客要几斤几两商品，他一把就能抓准分量，在商品称好、包好的同时，价钱也就心算出来了，分毫不差。30 多年里，他接待顾客近 400 万人次，没跟人红过一次脸、吵过一次嘴，被称赞为"燕京第九景"。

三、钻一行，创新一行

近年来中国的各方面水平之所以能够发展得如此迅猛，是因为创新在其中扮演了极为重要的角色。我国加快建设科技强国，实现高水平科技自立自强，就需更加重视青年人才培养，努力造就一批具有世界影响力的顶尖科技人才，稳定支持一批创新团队，培养更多高素质技术技能人才、能工巧匠、大国工匠。在全社会营造尊重劳动、尊重知识、尊重人才、尊重创造的环境，形成崇尚科学的风尚，让更多的青少年心怀科学梦想、树立创新志向，要干一行、爱一行、钻一行、创新一行。

(1) 要刻苦劳动，更要创新劳动。

在当今社会，创新劳动不仅体现在科技领域，还广泛渗透到各行各业。例如，在传统手工艺行业中，工匠们通过不断探索和实践，将传统技艺与现代设计理念相结合，创造出既具有传统韵味又符合现代审美的产品。这种创新劳动不仅提升了产品的附加值，也为传统手工艺的传承和发展注入了新的活力。在农业领域，创新劳动同样发挥着重要作用。通过采用现代农业技术，如智能温室、水肥一体化等 (见图 6-2)，农民们能够更加精准地控制农作物的生长环境，提高产量和品质。利用大数据和物联网技术，可以实现农业生产的智能化管理，进一步提高农业劳动的效率和效益。在教育领域，创新劳动同样不可或缺。教师们通过不断更新教学方法和手段，运用信息技术提高教学效果，培养学生的创新思维和实践能力。教育创新劳动不仅有助于提高学生的综合素质，也为社会培养出更多具有创新精神和实践能力的人才。

图 6-2

创新劳动是推动社会进步和发展的关键力量。无论是科技、手工艺、农业还是教育等领域，都需要不断探索和实践，通过创新劳动实现自我价值和社会价值的双重提升。只有这样，才能在激烈的国际竞争中立于不败之地，为实现中华民族伟大复兴的中国梦贡献自己的力量。

只有积极倡导和推崇创新劳动，才能使一个民族更加充满文明的智慧和创造力，从而激励人类社会不断向着更加美好的未来努力奋斗。在一个健康发展的社会中，只有大力弘扬和传播创新劳动光荣的良好风气，才能让每一个劳动者感受到劳动的愉悦和尊严，进而推动社会财富的持续增长和积累。当一些劳动形式和内容随着时代的进步而发生积极的变化时，这些变化恰恰体现了创新劳动在当代中国发展进程中的巨大进步价值。随着社会的不断进步和变革，劳动方式也在不断地演变和更新，而创新劳动所展现出的社会价值和深刻内涵将会更加显著，为社会的繁荣和进步注入源源不断的动力。

(2) 尊重和推崇创新性劳动。

习近平总书记强调："当代工人不仅要有力量，还要有智慧、有技术，能发明、会创新。"劳动者要实干，还要创新，因为"劳动者素质对一个国家、一个民族发展至关重要。劳动者的知识和才能积累越多，创造能力就越强"。

当前，国内外环境及我国经济增长机制都已发生重大变化。无论是实现经济的升级换挡还是提质增效，无论是实现"中国制造2025""新质生产力"还是在新一轮全球科技革命和产业革命中抢占先机，都需要通过创新驱动发展。这一切都呼唤创造性劳动、创新性劳动，创业创新不是企业家、年轻人或者科研人员的"专利"，而是与每一个劳动者都息息相关的。

尊重和推崇创新性劳动，意味着必须充分认识到创新在社会发展中的重要性，并且要积极倡导和鼓励每一位劳动者发挥他们的创新潜能；要深入挖掘和激发蕴藏在工人阶级以及广大劳动群众中的无限创新和创造活力，使他们能够自觉地投身于创新事业。为了实现这一目标，需要加快完善创新激励政策，为创新者提供更多的支持和保障。同时，还要营造一个鼓励创新、宽容失败的社会氛围，让那些有志于创新、有能力创新的劳动者能够在一个宽松和包容的环境中充分发挥他们的才华。

为了进一步推动创新，应当为劳动者提供更多样的机会和更广阔的舞台，让他们能够在各自的领域中尽情展示和实现自己的创新想法。这样，才能真正实现"人人皆可创新，创新惠及人人"的美好愿景。只有那些敢于改革、勇于创新的人，才能在时代的浪潮中不断前进，成为时代的强者。创新不仅能够让广大劳动者更有力量，还能够让他们共享人生出彩的机会，实现自我价值的提升。

创新，能够为社会主义现代化强国的建设注入新的动力，为实现中华民族伟大复兴的中国梦提供坚实的支撑。创新将成为推动社会进步的重要力量，让我国在世界舞台上更加闪耀，让中华民族在历史的长河中书写更加辉煌的篇章。

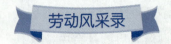

没高学历也能成创新带头人

10年来，他干一行爱一行，钻一行精一行，敏而好学，不断创新，和他的研发团队一起研发了CFB强制循环风冷磁力泵等6项新产品，获得了4项个人发明专利，另有6项发明专利正在设计审查中。他就是安徽江南泵阀集团有限公司工程师——邱军强。

干一行爱一行，虚心学习成骨干

邱军强出生于普通农村家庭。他在泾县职高学的是现代农业技术专业，因为母亲是"江南泵阀"的老员工，他当年没有参加高考就进了"江南泵阀"。没有高学历的他深信"三百六十行，行行出状元"，不因为自己是一个私营企业的学徒工就不思进取。

工作中，邱军强虚心向师傅学习、向同事请教，逐渐对机械产生了浓厚的兴趣。业余时间，他积极参加函授培训，取得了安徽广播电视大学电一体化专业大专毕业证书。他还一头钻进书海里，孜孜不倦地进行理论学习，并通过上网课学习三维画图、电脑编程等知识，在刻苦学习中提升自身素养。

同时，他珍惜每一次学习的机会，前往合肥工业大学、江苏大学等高校培训，学习CFD流体动力有限元分析、流体力学和现代化工泵设计等专业知识，并取得了江苏大学国家水泵及系统工程研究中心结业证书，在一次次"充电"中爱上了泵阀研发，夯实了创新基础。

干一行钻一行，科技创新显身手

人生最大的挑战就是与困难作斗争。向阳而生的邱军强就是一位迎难而上、敢于创新的硬汉：哪里最难干，哪里就有他；哪里需要他，他就出现在哪里……钢刺扎破手掌，一道道伤口阻止不了他参与劳动竞赛的热情，全心投入、反复推演，他终于获得了长三角G60科创走廊高质量发展职工劳动技能竞赛数控机床加工项目二等奖。他还全身心地投入新型塑料合金离心泵的研发中，"基于大型脱硫脱硝离心泵节能降耗关键技术研发与应用"成果让他获得了2019年安徽省科学技术奖三等奖。

在研发隔离套车用夹具的过程中，他屡败屡战，在原有的锥度套上切割出了一条一条的空间格，释放了锥度套的膨胀和压缩的空间，使隔离套的加工良品率提升到了99%，解决了磁力泵"跑、冒、滴、漏"问题。

干一行精一行，爱岗敬业成模范

邱军强在科技创新中"啃硬骨头"，用"钉钉子"的韧劲，迎接了一个又一个挑战。9

年来，在企业科技攻关中，他以舍我其谁的担当冲锋陷阵，取得了降低化工泵振动烈度的轴承改进工艺、立式悬臂离心液下泵、强自吸污水过滤的自吸泵、叶轮间隙自补偿的砂浆泵4项发明专利，并和他的团队一起研发了ZBF高吸程耐腐耐磨自吸泵等6项新产品，多项产品获得安徽省新产品证书。其中，CMB、FMT两项产品近两年为企业新增经济效益达956万元。

当别人问邱军强为什么要这么拼时，他憨厚地回应道："把事做好，解决了一个个泵阀产业'卡脖子'难题，自己才能睡得香！"由于成绩优异，邱军强先后荣获"安徽省五一劳动奖章""全国五一劳动奖章""宣城市劳动模范""宛陵优才""安徽省劳模工匠创新工作室带头人""宣城市最美科技工作者"等荣誉。他的工作绝活"机械加工"入选2021年"长三角百项工匠绝活"。面对这些荣誉，邱军强依然脚踏实地，甘做研发一线的一颗"螺丝钉"。

★ 知识拓展 ★

敬业精神、新质生产力及创业计划书

一、敬业精神

1. 敬业精神的含义

早在1996年，党中央就提出，加强社会主义精神文明建设，要大力提倡包括"爱岗敬业"等在内的职业道德。2001年，中共中央印发《公民道德建设实施纲要》，将"敬业奉献"确定为公民的基本道德规范之一。2012年，党的十八大报告全面提出了社会主义核心价值观的基本内容，其中，与"爱国""诚信""友善"并列，"敬业"是个体层面的核心价值观之一。

"敬业"，顾名思义，"敬"包含了尊敬、敬重、恭敬和敬畏等意思，强调的是个人的心理、态度、观念和信仰等；"业"对应的是业务、行业、专业、职业和事业，主要是指人们的岗位、工作和职业。简单地说，敬业就是专心致志以事其业，认真负责做好本职工作，以虔诚的态度对待自己的职业，对事业有执着的追求、坚定的信念和崇高的理想，尤其是要有责任心和使命感。

敬业精神是职业道德的集中体现，也是职业精神的重要基础。作为一个价值观范畴的概念，敬业精神反映了个人对其所从事的工作的认知、态度和信念等，主要包括怎么理解工作的价值和意义，有没有价值追求和职业理想，是否遵循包括职业道德等在内的各种行为规范等。

2. 建构敬业精神

"干一行，爱一行，乐一行，钻一行"，说起来容易，做起来难。建构敬业精神必须从个人做起，从点滴做起。个人应当树立正确的人生观和价值观，调整和转变职业态度，培养健康的职业情感，提升职业素养和技能，自觉遵守职业道德，将敬业精神落实到日常工作中去。同样重要的是，必须从社会观念、管理制度和治理机制等方面入手，培育爱岗敬业的社会土壤，促使敬业精神生根发芽。

敬业的根基是个人责任。为此，要建立和完善权责明确的制度体系，将权力与责任紧密对应起来，保证责任得到落实。而且，只有将责任都落实到个人的头上，才能约束和制裁不负责任的行为。这包括要加强对公共权力的监督和问责，防止权力滥用、失职渎职和不作为等问题；提升市场监管的水平和能力，严厉惩治企业等社会组织不负责任的行为；发挥舆论监督和道德规范的作用，减少公民违反公德行为的发生。

此外，不同职业之间的自然差异是客观存在的，这也要求社会成员要以健康和积极的心态来面对这种差异。在人生的发展道路上，每个人都应该正确地定位自己，摆正自己的位置，从自身的实际情况出发，将个人能力、实际工作和职业理想结合起来，处理好现实与理想的关系，脚踏实地，积极进取，乐于奉献，努力做出不平凡的业绩来。

二、新质生产力

1. 新质生产力的背景

"新质生产力"是2023年9月习近平总书记在黑龙江考察调研期间首次提到的新的词汇。2024年1月31日，习近平总书记在中共中央政治局第十一次集体学习时强调：加快发展新质生产力，扎实推进高质量发展。2024年3月5日，李强总理在作政府工作报告时强调：大力推进现代化产业体系建设，加快发展新质生产力。

2024年7月15日至18日，中国共产党第二十届中央委员会第三次全体会议在北京举行，会议通过《中国共产党第二十届中央委员会第三次全体会议公报》。全会提出，要健全因地制宜发展新质生产力体制机制，健全促进实体经济和数字经济深度融合制度，完善发展服务业体制机制，健全现代化基础设施建设体制机制，健全提升产业链供应链韧性和安全水平制度。

2. 新质生产力的含义

新质生产力是创新起主导作用，摆脱传统经济增长方式、生产力发展路径，具有高科技、高效能、高质量特征，符合新发展理念的先进生产力质态。它由技术革命性突破、生产要素创新性配置、产业深度转型升级而催生，以劳动者、劳动资料、劳动对象及其优化组合的跃升为基本内涵，以全要素生产率大幅提升为核心标志，特点是创新，关键在质优，本质是先进生产力。

新质生产力是生产力现代化的具体体现，即新的高水平现代化生产力（新类型、新结构、高技术水平、高质量、高效率、可持续的生产力），是以前没有的新的生产力种类和结构。相比于传统生产力，其技术水平更高、质量更好、效率更高、更可持续。

3. 新质生产力的时代内涵

从经济学角度看，新质生产力代表一种生产力的跃迁。它是科技创新在其中发挥主导作用的生产力，高效能、高效率、高质量，区别于依靠大量资源投入、高度消耗资源能源的生产力发展方式，它是摆脱了传统增长路径、符合高质量发展要求的生产力，是数字时代更显创新性、更具融合性、更体现新内涵的生产力。新质生产力的主要内涵主要体现在以下方面。

(1) 新质生产力是新时代党领导下先进生产力的具体表现形式。党的二十大报告指出：必须坚持科技是第一生产力、人才是第一资源、创新是第一动力，深入实施科教兴国战略、人才强国战略、创新驱动发展战略，开辟发展新领域新赛道，不断塑造发展新动能新优势。这深刻体现出党对科技推动生产力发展的规律性认识。科技创新推动生产力发展，孕育先进生产力。新时代以来，科技创新的广度、深度和融合度使生产力的发展水平与先进程度不断提高，逐步形成了涉及领域新、科技含量高、交叉属性强、符合高质量发展要求的新质生产力，实现了生产力的跃迁和质变。

(2) 新质生产力是新时代我国经济社会高质量发展的必然产物。要实现经济社会高质量发展，进一步解决不平衡不充分的发展问题，须以创新驱动为引领，逐步摆脱传统的人力和资源能源驱动型增长模式，实现低成本优势向创新优势的转变，创造新产业、培育新动能、形成新优势。与高速增长相比，高质量发展的要素条件、组合方式、配置机制、发展模式等都发生了根本性改变，这就要求大力推动动力变革、效率变革、质量变革，提升全要素生产率，实现创新驱动发展，这就为新质生产力的形成和发展创造了条件。

(3) 新质生产力是引领全球创新性可持续发展的关键驱动要素。科技创新催生的先进生产力对经济全球化的产生和发展起决定作用，并深刻影响着全球的经济结构和经济发展。当今世界，新一轮科技革命与产业变革正在深入推进，数字经济与实体经济深度融合，各国之间围绕产业、技术特别是关键核心技术的竞争日趋激烈。以科技创新驱动产业创新，加快推进新型工业化，持续推动产业结构优化升级，大力推动创新链、产业链、资金链、人才链"四链"融合，使数字技术与实体经济深度融合，全面推动工业绿色发展，赋能支柱产业迭代升级、新兴产业培育壮大、未来产业前瞻布局，打造具有核心竞争力的优势产业集群，加快构建具有智能化、绿色化、融合化特征和符合完整性、先进性、安全性要求的高质量现代化产业体系，形成并发展先进程度跃迁的新质生产力，从而为全球生产力创新性可持续发展贡献中国方案。

4. 新质生产力的要素指标

1) 新质劳动者队伍

科学技术依靠高素质的人才去掌握去发展，科学技术只有从知识形态转化为生产工具，劳动资料才能成为现实的物质生产力，这一转化过程要通过提高劳动者素质来实现。社会生产力的发展，归根到底有赖于人的发展，因为人是社会的主体，是生产活动的承担者。人才是第一资源，创新驱动的实质是人才驱动。劳动者是生产力的能动要素，也是最重要的要素，劳动者的劳动素质和劳动技能直接决定了生产力的发展。科学技术是第一生产力，这不仅体现在高新科技开发、融入劳动资料和劳动对象等方面，更体现在提升劳动者的劳动素质和劳动技能等方面。不同时代对劳动者的要求各不一样。在数字经济时代，数据是新的生产要素，是基础性资源和战略性资源，也是重要生产力。当数据成为劳动对象、算法成为劳动工具时，劳动者必然需要具备一定的数字素养，掌握一定的数字技能。能够操作、控制、维护数字技术和设备，成为新时代新质生产力劳动者的标配。教育和人才是推动科技创新、促进生产力跃迁的基础支撑。按照发展新质生产力的要求，推动教育、科技、人才有效贯通、融合发展，畅通教育、科技、人才的良性循环，打造与新质生产力发展相匹配的新型劳动者队伍，完善人才培养、引进、使用、合理流动的工作机制，激发劳动者的创造力和能动性，十分必要。

打造新型劳动者队伍，主要是培养两种人才：一是能够驱动科技创新、创造新质生产力的科技型人才。根据科技发展新趋势，优化高等学校学科设置、人才培养模式，坚持教育优先发展，着力造就拔尖创新人才，培养造就更多战略科学家、一流科技领军人才以及具有国际竞争力的青年科技人才后备军。加大基础学科人才培养力度，持之以恒加强基础研究，加大基础研究财政投入力度，构建全方位基础学科教育体系，推进基础学科高层次人才培养模式改革，培养能够创造新质生产力的科技型人才。二是能够与时俱进、熟练掌握新质生产资料的应用型人才。围绕新质生产资料的应用，探索形成中国特色、世界水平的工程师培养体系，推进职普融通、产教融合、科教融汇，探索实行高校和企业联合培养高素质复合型工科人才的有效机制，针对未来产业和战略性新兴产业发展趋势，探索多元化的人才培养模式，源源不断培养造就一大批与现代科技及社会生产力发展相适应、符合新质生产力发展要求的高素质人才队伍。伴随新质生产力的发展，新的产业和新的业态不断迭代升级，战略性新兴产业、未来产业、高技术服务业等将蓬勃发展。产业结构的变迁需要人才结构与之匹配，应建立学科专业动态调整机制，推进部分普通本科高校向应用型高校转变，培养能够熟练掌握新质生产资料的应用型人才。

健全要素参与收入分配机制，营造鼓励创新、宽容失败的良好氛围，激发劳动、知识、技术、管理、资本和数据等生产要素活力，更好体现知识、技术、人才的市场价值。实施更加积极、更加开放、更加有效的人才政策，探索建立与国际接轨的全球人才招聘制度，加大国家科技计划对外开放力度，鼓励在华外资企业、外籍科学技术人员等参与和承担科技计划项目，为全球各类人才搭建干事创业的平台。

2) 新质生产工具

推动劳动资料迭代升级，创造和应用更高技术含量的劳动资料。深入实施创新驱动发展战略，牢牢扭住自主创新这个"牛鼻子"，推动劳动资料迭代升级。充分发挥国家作为重大科技创新组织者的作用，以国家战略需求为导向，整合科技创新资源，集聚各方力量进行原创性、引领性科技攻关，打造更多引领新质生产力发展的"硬科技"。充分发挥企业作为研发应用新型生产工具主力军的作用，加强创新要素集成和科技成果转化，构建龙头企业牵头、高校院所支撑、各创新主体相互协同的创新联合体，加快科技成果向现实生产力的转化。促进数字经济和实体经济深度融合，纵深推进产业数字化转型，加强人工智能、大数据、物联网、工业互联网等数字技术融合应用，大力推广应用数字化、网络化、智能化生产工具，加快建设数字化车间和智能制造示范工厂。

新时代背景下，劳动对象和劳动资料正在发生深刻变化，掌握和用好新型生产工具是发展新质生产力的重要环节，其中掌握关键核心技术是重中之重。在制度层面，应发挥新型举国体制作用，强化国家战略科技力量。通过"揭榜挂帅""赛马"等制度鼓励科技创新；持续实施"专精特新"计划，让企业真正成为创新主体；鼓励发展创业投资、股权投资，强化科技创新的资金支持。在技术层面，要补短板、锻长板，重视通用技术。加大重要产品和关键核心技术攻关力度，攻克"卡脖子"难题；实施产业基础再造工程，加快补齐基础零部件及元器件、基础软件、基础材料、基础工艺和产业技术基础等瓶颈短板；巩固提升优势产业领先地位，持续增强高铁、新能源、通信设备等高端制造业领域全产业链优势。在产业层面，应大力发展战略性新兴产业，提前布局未来产业，加快建设现代化产业体系，为新型生产工具发挥作用提供更大舞台；推动战略性新兴产业融合集群发展，构建优质高效的服务业新体系；激励企业加快数字化转型，实现实体经济与数字经济的深度融合；推动现代服务业同先进制造业、现代农业深度融合。

3) 新质劳动对象

劳动对象是指人们通过自身劳动进行加工使其成为能够满足社会需要的那部分物质资料，它是物质生产的前提，劳动只有与劳动对象相结合，才能创造社会财富。劳动对象是人类活动对象化发展的产物，直接体现了时代的生产力发展水平，不同的生产力水平有不同的劳动对象，同时，劳动对象的质与量也制约着生产力的发展水平。随着高新科学技术的发展，人类的劳动对象发生了极大的变化。网络化、智能化、数字化的劳动工具使劳动者的获取能力、计算能力、处理能力大大增强，同时也扩大了劳动对象的范围，使其不再局限于有形物质对象，信息、数据、知识等都成了新的劳动对象。伴随着科技创新的推进，人工智能、生物技术等领域的发展，劳动对象的范围和领域不断扩大。数据等新型劳动对象在各行各业中广泛渗透，"浩瀚的数据海洋就如同工业社会的石油资源"，当数据被有效收集、整理、分析、挖掘和处理后，可释放出巨大的生产力效能。

以培育壮大战略性新兴产业和未来产业为重点，拓展劳动对象的种类和形态，能够不断开辟生产活动的新领域新赛道，夯实发展新质生产力的物质基础。要深入实施国家战略性新兴产业集群发展工程，推动战略性新兴产业融合集群发展，着力打造新一代信息技术、人工智能、生物技术、新能源、新材料、高端装备、绿色环保等新增长引擎，强化我国战略性新兴产业在全球价值链的技术优势和产业优势。从国家战略层面加强对未来产业的统筹谋划，在类脑智能、量子信息、基因技术、未来网络、深海空天开发等前沿科技和产业变革领域，组织实施未来产业孵化与加速计划，对前沿技术、颠覆性技术进行多路径探索和交叉融合，做好生产力储备。

4) 新质生产关系

正确处理好新质生产力发展中的重大关系十分必要，只有保证其关系的系统、科学，才能使新质生产力健康可持续发展。一是处理好生产力和生产关系之间的关系。生产力决定生产关系，生产关系反作用于生产力，新质生产力需要新的生产关系与之相匹配。形成适应新质生产力发展要求的新型生产关系，充分发挥市场在资源配置中的决定性作用，更好发挥政府作用，加快构建有利于新质生产力发展的体制机制。进一步深化改革开放，建设完善全国统一大市场，发挥超大规模市场优势，使得科技创新的收益最大化，有助于新质生产力的推广和应用。例如，破除地方保护，降低综合物流成本，统一数据要素标准，建设全国知识产权交易平台等；保障优质生产要素顺畅流通，打通束缚要素流通的堵点卡点，推动户籍制度改革、加快土地流转等；健全要素参与收入分配机制，给予知识、技术、人才等要素更多回报。二是处理好新质生产力诸要素之间的关系。发挥科技创新的支撑引领作用，多管齐下培育新型劳动者、创造新型生产工具、拓展新的劳动对象，促进新质生产力诸要素实现高效协同匹配。三是处理好自主创新和开放创新之间的关系。坚持自主创新与开放创新协同共进，在开放环境下大力推进自主创新，用好全球创新资源，扩大高水平对外开放，充分用好两个市场、两种资源，让全球共同参与新质生产力的培育，加快建设具有全球竞争力的开放创新生态，共享新质生产力带来的福利提升。四是处理好新质生产力和传统生产力之间的关系。统筹推进二者发展，及时将科技创新成果应用于具体产业和产业链，一手抓培育壮大新兴产业和布局建设未来产业，一手抓改造提升传统产业，建设具有完整性、先进性、安全性的现代化产业体系。发展新质生产力要牢牢把握高质量发展这个首要任务，因地制宜发展新质生产力，坚持从实际出发，先立后破、因地制宜、分类指导，根据本地的资源禀赋、产业基础、科研条件等，有选择地推动新产业、新模式、新动能发展，用新技术改造提升传统产业，积极促进产业高端化、智能化、绿色化。

5) 生产要素组合

提升生产要素组合效率，推动更高水平的生产力要素协同匹配。适应新质生产力发展要求，推动产业组织和产业形态变革调整，不断提升生产要素组合效率，提高全要素生产率。要做大做强一批产业关联度高、国际竞争力强的龙头骨干企业和具有产业链控制力的生态主导型企业，培育一批专精特新"小巨人"企业和"单项冠军"企业，鼓励龙头骨干企业发挥好产业链融通带动作用，实现大中小企业融通发展。依托生产要素的自由流动、协同共享和高效利用，推动生产组织方式向平台化、网络化和生态化转型，打造广泛参与、资源共享、精准匹配、紧密协作的产业生态圈，加速全产业链供应链的价值协同和价值共创。积极发挥数据要素的"融合剂"作用，推动现有业态和数字业态跨界融合，衍生叠加出新环节、新链条、新的活动形态，加快发展智能制造、数字贸易、智慧物流、智慧农业等新业态，促进精准供给和优质供给，更好满足和创造新需求。

6) 全要素生产率的提升

全要素生产率也称多要素生产率，是度量经济单元生产效率的重要工具。全要素生产率增长率是指全部生产要素（包括资本、劳动、土地，但通常分析时都略去土地不计）的投入量都不变时，而生产量仍能增加的部分。全要素生产率增长率并非所有要素的生产率，"全"的意思是经济增长中不能分别归因于有关的有形生产要素的增长的那部分，因而全要素生产率增长率只能用来衡量除去所有有形生产要素以外的纯技术进步的生产率的增长。

从经济学角度来讲，全要素生产率一般的含义为资源（包括人力、物力、财力）开发利用的效率。从经济增长的角度来说，生产率与资本、劳动等要素投入都贡献于经济的增长。从效率角度考察，生产率等同于一定时间内国民经济总产出与各种资源要素总投入的比值。从本质上讲，它反映的则是某个国家（地区）为了摆脱贫困、落后和发展经济，在一定时期里表现出来的能力和努力程度，是技术进步对经济发展发挥作用的综合反映。全要素生产率是用来衡量生产效率的指标，它有三个来源：一是效率的改善；二是技术进步；三是规模效应。在计算上它是除去劳动、资本、土地等要素投入之后的"余值"。

全要素生产率是宏观经济学的重要概念，也是分析经济增长源泉的重要工具，尤其是政府制定长期可持续增长政策的重要依据。首先，估算全要素生产率有助于进行经济增长源泉分析，即分析各种因素（投入要素增长、技术进步和能力实现等）对经济增长的贡献，识别经济是投入型增长还是效率型增长，确定经济增长的可持续性。其次，估算全要素生产率是制定和评价长期可持续增长政策的基础。具体来说，通过全要素生产率增长对经济增长贡献与要素投入贡献的比较，就可以确定经济政策是应以增加总需求为主还是应以调整经济结构、促进技术进步为主。

全要素生产率是相对于单要素生产率而言的。顾名思义，单要素生产率指产出与单一要素投入之比；全要素生产率指产出与综合要素投入之比。按照中国人民银行在 2021 年发表的一篇工作论文的数据，1978—2020 年全要素生产率对我国经济增长的贡献达到 36.6%，低于资本要素的贡献 44.1%，但高于劳动要素贡献。从趋势来看，全要素生产率在 2002—2007 年间对经济增长的拉动作用最大，贡献率达到 45.1%；此后逐步下降，2008—2012 年为 33.1%，2013—2020 年为 25%。提高全要素生产率可以从两个角度出发：一是通过技术进步实现生产效率的提高，二是通过生产要素的重新组合实现资源配置效率的提高。前者依赖于科技创新，后者依赖于制度改革带来的红利释放。具体而言，既需要支持科技创新的发展（如中央经济工作会议指出的"加强应用基础研究和前沿研究，强化企业科技创新主体地位。鼓励发展创业投资、股权投资"），也需要深化改革开放（如加快建设全国统一大市场、健全要素参与收入分配机制、扩大高水平对外开放等）。

新质生产力以全要素生产率提升为核心标志。全要素生产率反映了资源配置状况、生产手段的技术水平、生产对象的变化、生产的组织管理水平、劳动者对生产经营活动的积极性、经济制度与各种社会因素对生产活动的影响程度，其主要通过技术进步和生产要素重新组合两种途径实现，这与新质生产力的内涵要义基本一致。即新质生产力强调由技术革命性突破、生产要素创新性配置和产业深度转型升级驱动，其结果直接表现为全要素生产率的提升。加快形成和发展新质生产力，就能助推全要素生产率的提升。

三、创业计划书

1. 创业计划书的含义

创业计划书又称商业计划书，是创业者在企业成立之前就某一项具有市场前景的新产品或服务，向潜在投资者、风险投资公司、合作伙伴等游说以取得合作支持或风险投资的可行性商业报告。创业计划书是创业者叩响投资者大门的"敲门砖"，一份优秀的创业计划书往往会使创业者达到事半功倍的效果。

创业计划通常是市场营销计划、生产和销售计划、财务计划、人力资源计划等的集成，包括提出创业的前三年内所有中期和短期决策制度的方针。创业计划书的编写一般是按照相对标准的文本格式进行的，是全面介绍企业或项目发展前景，阐述产品、市场、竞争、风险、投资收益和融资要求的书面材料。一份优秀的创业计划书不但会增强创业者自己的信心，也会增强风险投资者、合作伙伴、员工、供应商、分销商对创业项目的信心。而这些信心，正是走向创业成功的基础。

2. 创业计划书的内容

1) 封面

封面应专业、简洁、美观。封面页应包括企业名称、企业地址、企业联系人名字、电话号码和日期。

2) 目录

准确的目录索引能够让读者迅速找到他们想看的内容。目录中应包含各部分主要内容的标题及其所在的页码。

3) 项目概况

项目概况也叫执行概要，主要是概括介绍企业的来源、性质、目标、策略、产品和服务的特点等。

4) 市场分析

市场分析通常包括：① 行业分析，即描述企业所在行业的市场状况，指出市场的规模、预期增长速度和其他重要环节；② 竞争分析，即分析与企业进行竞争的同类产品和服务的竞争态势和市场变化趋势。

5) 产品和服务

列举企业当前所提供的产品、服务类型，以及将来的产品、服务计划。

6) 营销策略

营销策略包括企业的营销渠道、营销队伍、营销计划、广告策略、定价策略、销售方式等。

7) 创业团队

一个企业的成功与否，关键在于该企业是否拥有一个高效、团结的团队。因此计划书中应列举创业团队的人员。

8) 财务计划

财务计划包括企业的实际财务状况、预期的资金来源和使用方式、资产负债表、预期收入（利润和亏损状况）以及现金流量预测等。

9) 发展规划

发展规划包括企业发展的战略目标和中期目标。

10) 风险退出

分析创业风险有助于创业者完成风险评估与对策研究。这部分内容包括与创业计划相关，但不宜放在正文中的一些内容，如组织机构图、预期市场信息、财务报表、产品说明等。

3. 创业计划书的作用

制订创业计划书的作用如下。

(1) 达到企业融资的目的。

一个好的创业计划书是获得贷款和投资的关键因素之一。一份高质量且内容丰富的创业计划书，将会使投资者更快、更有效地了解投资项目，对项目充满信心并投资参与该项目，最终达到为项目筹集资金的作用。

创业计划书是争取项目融资投资的敲门砖。投资者每天会接收到很多创业计划书，创业计划书的质量和专业性就成了企业寻求投资的关键点。企业家在争取获得风险投资之初，首先应该将创业计划书的制作列为头等大事。

(2) 全面了解自己的企业。

通过制订相应的商业计划，自己能对企业的各个方面有一个全面的了解。它有助于分析目标客户、规划市场范畴形成定价策略，并对竞争性的环境做出界定，在其中开展业务以求成功。创业计划书的制订保证了这些方方面面的考虑能够协调一致。此外，在制订过程中往往能够发现颇具竞争力的优势、计划书本身所蕴藏的新机遇或是不足。

(3) 向合作伙伴提供信息。

创业计划书能够为业务合作伙伴和其他相关机构提供信息。

4. 创业计划书的编写技巧

任何创业计划书都必须重视管理阶层的背景资料，应详细说明他们的基本资料及令人信服的业绩，这是创业计划书最基本的要求。而好的创业计划书还要说明为什么自己能开创这项产品或服务，并由此获得大量收益。

(1) 产品和服务具有独特性。

自己的企业有独一无二的优势吗？这些优势体现在哪些方面？这些优势能保持多长时间？这些都是投资方决定是否投资的重要因素之一。因此，在计划书中应明确说明这些内容。

(2) 商业模式和盈利模式的可行性。

商业模式是指如何生产商品，如何提供服务和市场策划等；盈利模式是指如何赚钱，如何把产品和服务转化为利润。商业模式和盈利模式的可行性，最终又体现在企业的执行力上。因此，在计划书中应明确说明这些内容。

5. 对创业的误区

(1) 创业就是创办企业。

很多人认为创业就是创办企业、开公司。其实，在单位内部负责一项开创性的工作，比如负责某一销售区域某一产品的市场开拓也是一种创业。

(2) 创业等同于创意。

创意和创业是两个不同的概念。创意是指具有新颖性和创造性的想法，涉及诸多领域。创业是一个团队在洞悉某一行业市场现状的基础上，经过深思熟虑，寻找出创新且可行的经营模式，通过管理、技术、市场、公关等手段或途径最大限度地实现团队预期目标，并为社会创造较大财富的过程。

(3) 对小产品、小项目不屑一顾。

有些人创业时常常将目光投向高精尖产业，而不愿意做小产品、研究小项目，他们认为小产品、小项目市场小、利润低，没有成就感。其实，小产品、小项目只要不断创新，同样能获得成功。

(4) 创业必须有资本。

一谈到创业，很多人就认为一定要先筹够"本钱"。其实，资金不足并不是创业的绝对障碍，只要具备某一方面的专长，善于利用自身的资源，也可以做出一番事业。

活动与评价

活动：职业体验活动

开展职业体验教育，是进一步推动职业教育与普通教育融通发展、深入实施素质教育的重要手段。通过组织各种形式的职业体验活动，可以显著提升高职学生的综合实践活动课程、劳动与技术课程的实施效果，从而夯实学生的专业技术基础，同时也能丰富课后服务活动的内容。针对高职学生的特点，首先，要明确职业体验教育的目标和意义，确保活动设计与学生的实际需求相契合。其次，要精心策划和设计各种职业体验项目，涵盖不同行业和领域，让学生有机会接触和了解多样化的职业环境。再次，要与企业、行业专家以及相关教育机构紧密合作，共同开发和实施这些体验项目，确保活动的专业性和实用性。从次，要建立完善的评价和反馈机制，对职业体验活动的效果进行评估，及时调整和优化活动内容。最后，要注重培养学生的自主学习能力和创新思维，鼓励他们在体验过程中积极思考和探索，从而全面提升他们的职业素养和综合素质。以上这些准备工作有助于职业体验教育更好地服务于高职学生的成长和发展。开展职业体验活动，具体步骤如下。

第一步：活动选题（制定职业体验实践活动的策划方案）

阶段目标：通过引导，帮助学生根据社会职业现状，了解各种职业的基本类别，从中选择比较贴近自身生活圈的职业进行调查研究。

在这一阶段，教师应引导学生积极思考，激发学生对不同职业劳动者生存状况进行调查研究的兴趣；学生应根据社会职业现状，了解各种职业的基本类别，从大类别中选择比较贴近自身生活圈的职业进行调查研究。根据学生选定的调查职业进行分组。教师指导和鼓励学生共同探讨、合作，写出调查研究的计划书。教师在这一阶段通过有效的引导，培养学生的发散性思维，提升学生比较、分析、归纳、提炼问题的能力。

第二步：活动实施

阶段目标：学生根据调查研究计划，对调查研究的职业进行初步观察，然后通过各种方法查阅资料，进行实践体验，提出问题，并在教师的指导下逐步解决问题，最终形成一个团队对某一职业的具体认识。

在这一阶段，要培养学生提出问题和解决问题的能力，会通过不同的渠道搜集信息，整理资料，加深认识，使学生对所调查研究的职业的社会价值、意义，以及劳动者付出的艰辛有一个全面的认识，从而达到了解职业、尊重从业者的目的。

第三步：活动展示

阶段目标：学生根据调查研究的内容和结果，在小组内进行讨论，并拟写总结。

在这一阶段，学生能够对自己调查研究得出的结果进行分析，并采取适当的方法将其成果展示出来。在交流过程中，学生能够认识到自己的成果和不足，对存在的问题提出解决思路。通过自我评价、小组讨论和教师评价，学生能够认识到自己通过活动，哪些方面的能力得到了提升，会思考如何在将来把自己的这一能力运用到生活实践中。

【活动评价】

请对上述活动进行评价 (见表 6-1)。

表 6-1　活 动 评 价 表

评 价 内 容	评 价 情 况			
	自我评价 (20%)	小组评价 (30%)	教师评价 (50%)	最终评价
活动中的劳动态度情况 (20 分)				
活动中的劳动表现情况 (30 分)				
活动中的劳动成果情况 (30 分)				
活动中体现的团队合作能力 (20 分)				

单元七

脚踏实地，劳动成就梦想

要大力弘扬劳模精神、劳动精神、工匠精神，发挥好劳模工匠示范引领作用，激励广大职工在辛勤劳动、诚实劳动、创造性劳动中成就梦想。

——习近平总书记同中华全国总工会新一届领导班子成员集体谈话 (2023 年 10 月 23 日)

"人世间的一切幸福都需要靠辛勤的劳动来创造。"高职学生要积极响应习近平总书记"实干兴邦"的号召，积极投身到时代的大潮之中，在实现中华民族伟大复兴的历史进程中，争取中华民族的新光荣，彰显中华民族的新自豪！要从现在起培养脚踏实地、热爱劳动的精神，就应当做到立足专业，提升自我；立足自我，服务社会；热爱劳动，追逐梦想。

一、立足专业，提升自我

马克思指出："劳动首先是人和自然之间的过程，是人以自身的活动来引起、调整和控制人和自然之间的物质交换的过程。"这是由于为了能够在对自身生活有用的形式上占有自然物质，人类必须使其身上的自然力——臂和腿、头和手运动起来，而当人类通过这种运动作用于其身外的自然并改变自然时，也就同时改变其自身所处的社会生活及人类本身。

1. 劳动创造价值

劳动创造价值，只有通过劳动，才能实现自我价值。在生活中，只有通过劳动创造生活所需要的物质及精神财富，才能幸福地生活；在学习、工作中，只有充满热爱并竭尽所能、积极主动去行动，才能体现并实现自我价值。劳动是创造价值的源泉，只有通过辛勤的劳动，才能将理论知识转化为实际操作能力，才能在未来的职场中展现自我。

对于高职学生来说，要把个人理想、职业规划与自己的专业相结合，树立奋斗目标，把专业发展当成自己的事业，要踏踏实实地学习，不断提升自己的专业技能和综合素质，为自己赢得更大的发展机会。只有这样，才能在未来的职场中脱颖而出，实现自己的职业理想，为社会做出更大的贡献。

高职学生在学习过程中，不仅要注重理论知识的学习，更要重视实践操作的锻炼，通过参与各种实践活动，不断提升自己的专业技能，将来才能为社会创造更多的价值。要积极参与各类专业技能竞赛，通过比赛检验自己的专业学习成果，同时也可使自己成为具有实际操作能力的专业人才。高职学生需要在劳动中不断积累经验，提升自我，为实现个人价值和社会发展贡献自己的力量。

劳动价值论

马克思主义劳动价值论是马克思主义政治经济学的基本理论，包括以下内容：商品具有二重性，即价值和使用价值。使用价值是商品的自然属性，具有不可比较性。价值是一般人类劳动的凝结，是商品的社会属性，它构成商品交换的基础。商品的使用价值和价值等范畴，是马克思分别用来说明商品的自然属性和社会属性的概念，深刻地揭示了商品的本质。

马克思认为：价值是凝结在商品中的无差别的人类劳动。劳动价值论把价值定义为一种人类劳动，因此在劳动价值论的价值定义范围内"不能说劳动能创造价值"，《资本论》也没有"劳动创造价值"的语句，只提到具体的人或者劳动者能创造价值。商品交换中交换的是一种劳动（价值），而不是不可度量的效用，这一思想最初由英国经济学家配第提出。劳动是价值的唯一源泉，同时也是财富的源泉，劳动是财富之父，土地是财富之母。亚当·斯密和大卫·李嘉图也对劳动价值论做出了巨大贡献。

2. 培养爱岗敬业的职业道德

爱岗敬业，是现代职业道德的核心和基础。"爱岗"就是要热爱本职工作，"敬业"就是要尊敬、尊崇自己的职业，尽职尽责，忠于职守，以饱满的热情、务实的态度，在各自的工作岗位上默默耕耘，淡泊名利，讲求奉献。爱岗敬业说的具体点就是要尽岗位职责，把一点一滴的小事做好，把一分一秒的时间抓牢。古人说："不积跬步，无以至千里；不积小流，无以成江海。"从我做起，从小事做起，从现在做起，这就是敬业，这就是爱岗，这就是尽职！

人生，因为有梦想才精彩，而梦想就是在普通平凡的岗位展示自我，实现人生价值。工作本身没有贵贱之分，但是对于工作的态度却有高低之别。没有爱岗敬业的精神，就无法构成伟大的奉献，也无法成就自己的梦想。所以说只有立足岗位、踏实工作，才能不断充实自己，使自己在平凡的岗位上做出不平凡的业绩。

高职学生可以从日常生活中的点滴小事入手，逐步培养起对工作的热爱和敬业精神。通过认真对待每一次课堂学习、积极参与实践活动，不断积累专业知识，提高自身的专业技能。同时，注重细节，养成良好的工作习惯，提升个人职业素养。通过这些具体而细小的努力，高职学生不仅能够为未来的职业生涯打下坚实的基础，还能在实际工作中展现出高度的责任感和专业精神。

劳动风采录

为国隐"功"埋名 30 年的中国核潜艇先驱

黄旭华（见图 7-1），男，汉族，1926 年 3 月出生，中共党员，广东揭阳人。1949 年毕业于国立交通大学船舶制造专业，毕业后一直从事舰船研制工作，于 1994 年当选中国工程院院士，是中国船舶重工集团公司（中船重工）第 719 研究所名誉所长、中国第一代核潜艇总设计师。他带头研制出我国第一代核潜艇，并随艇深潜，创下一段佳话，获全国科学大会奖、国防科工委二等奖、全国先进工作者、"感动中国" 2013 年度人物、2017 年度何梁何利基金"科学与技术成就奖"、第六届全国道德模范敬业奉献类奖、最美奋斗者、国家最高科学技术奖等奖项和荣誉称号。2019 年 9 月 17 日，被授予中华人民共和国最高荣誉勋章——共和国勋章。

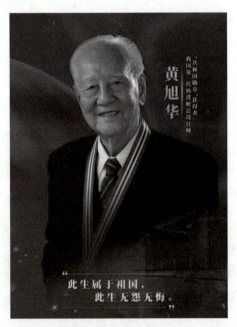

图 7-1

20 世纪 50 年代，西方国家在核领域纷纷发力。内忧外患之下，中央下定决心，全面上马核潜艇研制工作。当时，一位风华正茂的男子成功入选我国核潜艇的自主研制项目，自此隐"功"埋名 30 载，向深海进发，在研发我国第一代核潜艇的过程中做出了杰出的贡献；后又以总设计师的身份随艇深潜，成为中国军事装备发展史上的一段佳话。他的人生，就像深海中的核潜艇一样无声，却有着无尽的力量。他说："研制核潜艇是我的梦想，一辈子从事自己热爱的事业，我很幸福。"

世界各国的高新尖端技术，尤其是核潜艇技术，是最高级别的机密。黄旭华走上研制核潜艇的道路，就已经做好了无法"赢得生前身后名"的准备。"时时刻刻严守国家机密，不能泄露工作单位和任务；一辈子当无名英雄，隐姓埋名；进入这个领域就准备干一辈子，就算犯错误了，也只能留在单位里打扫卫生。"这份事业在黄旭华刚加入时就向他提出了严格的要求。

从此，黄旭华坚守组织的规定，从不透露工作单位、工作性质，消失于公众的视野。从 1958 年到 1987 年，他隐姓埋名 30 年，远在老家的父母和兄弟姐妹都不知道他从事什么工作，家人遭难他未能照顾，父兄逝世他没有送行，母亲等了 30 年才见到他一面。1986 年年底，两鬓斑白的黄旭华再次回到广东老家，见到 93 岁的老母亲。他眼含泪花说："人们常说忠孝不能双全，我说对国家的忠，就是对父母最大的孝。"

直到 1987 年，在老家的黄母收到了一本黄旭华寄来的上海《文汇月刊》，其中刊登了一篇题为《赫赫而无名的人生》的长篇报告文学，详细介绍了中国核潜艇"黄总设计师"的人生经历。文章并未提及具体名字，但提到了其夫人叫李世英，黄母这才恍然大悟。这位年逾九旬的老人没想到，30 年没回家、被兄弟姐妹们埋怨"不孝"的儿子，原来在为国家做大事。

"试问大海碧波，何谓以身许国。青丝化作白发，依旧铁马冰河。磊落平生无限爱，尽付无言高歌。"这是 2014 年词作家阎肃为黄旭华写的词。黄旭华从不讳言"爱"字："我爱我的妻子、母亲和女儿，我很爱她们。"他顿了顿，"但我更爱核潜艇，更爱国家。我此生没有虚度，无怨无悔。"

黄旭华最大的心愿，就是国家能早日建成科技强国，从"跟随者"变成"领跑者"。从 1945 年"弃医从工"选定奋斗方向，到 30 年的隐姓埋名致力深海国防，再到今天以百岁高龄"退休不退工"，黄旭华舍小家顾大家，不图名不图利，终以国之重器挺起民族脊梁，为中国科技领跑贡献了毕生的力量。

二、立足自我，服务社会

每个人都是社会大家庭中不可或缺的一员，而社会则是由这些众多个体所共同构成的一个庞大整体。每个人的存在不仅仅是个体的存在，更是与社会紧密相连、密不可分的一部分。正是由于人的社会性，人们才能在彼此之间建立起一种互为主体和客体的关系，从而形成一种人与人之间的价值关系。在这种价值关系中，作为客体的个体对于作为主体的他人具有特定的意义，而作为客体的个体也能够满足主体(无论是他人、社会，还是某个集团)的需求和属性。

人在这种价值关系中所表现出的二重性，正是人的价值最为显著的特点。具体来说，人的价值可以分为两个方面：社会价值和个人价值。社会价值主要体现在个体对社会的贡献和影响上，即个体在社会中所扮演的角色和所发挥的作用。而个人价值则更多地关注个体自身的内在品质、能力和需求，即个体在自我实现和自我发展过程中所体现的价值。

然而，人的价值并不仅仅局限于这两个方面，更重要的是要实现社会价值和个人价值的统一。只有当个体在追求自我发展的同时，也能够为社会作出贡献，才能真正实现人的价值的完整性与和谐性。因此，在日常生活中，个人既要注重自我提升和自我完善，也要积极参与社会活动，参与志愿服务活动，为社会的进步和发展贡献自己的力量。只有这样，个人才能在个体与社会之间找到一个平衡点，实现个人价值与社会价值的有机结合，从而更好地推动社会的和谐与进步。

劳动故事汇

马克思的高中毕业论文

卡尔·亨利希·马克思(1818—1883年)(见图7-2)，出生于德国，是全世界无产阶级的伟大导师、科学共产主义的创始人，伟大的政治家、哲学家、经济学家、革命理论家。其主要著作有《资本论》《共产党宣言》等。

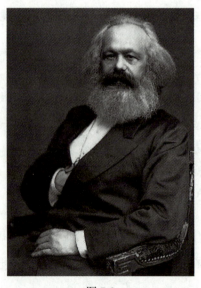

图 7-2

《青年在选择职业时的考虑》是马克思的中学毕业论文，主要对青年选择职业时的必要性、方式以及选择何种职业做出论断，得出了在选择职业时应该遵循人类的幸福和自身的完美的结论。

马克思在《青年在选择职业时的考虑》一书中写道：

"在选择职业时，我们应该遵循的主要方针是人类的幸福和我们自身的完美。一个人如果仅仅从利己主义的原则出发，只考虑如何满足个人的欲望，虽然也有可能成为出色的诗人、聪明的学者、显赫一时的哲学家，可是，他绝不能成为伟大的人物，也不能得到真正的幸福。他的事业是渺小的，他的幸福是自私的。一个人只有选择为人类服务的职业，只有为人类大多数人的幸福而工作，才是高尚的人，才能得到真正的幸福，才有不可摧毁的精神力量。

"如果我们选择了最能为人类福利而劳动的职业，那么，重担就不能把我们压倒，因为这是为大家而献身。那时我们所感到的就不是可怜的、有限的、自私的乐趣，我们的幸福将属于千百万人，我们的事业将默默地，但是永恒发挥作用地存在下去，而面对我们的骨灰，高尚的人们将洒下热泪。"

1. 社会价值和个人价值

人的社会价值是个人与社会、他人关系的一个重要方面，是指个人通过自己的实践活动为满足社会或他人物质的、精神的需要所做出的贡献和承担的责任。人的社会价值的大小，取决于个人对社会所做贡献的多少。在社会主义国家，人的社会价值主要决定于其是否为人民服务和是否具有为社会做贡献的精神。一个人只要有全心全意为人民服务和为社会无私奉献的精神，并努力去实践，就是一个高尚的人，一个具有崇高社会价值的人。这应当成为人们价值观的核心和基础。

个人价值是个人与社会关系的又一个方面，是指在社会生活和社会活动中，社会对个人和自己对自己作为人的存在的一种肯定关系。这种关系包括两方面的具体内容：人作为人的存在就要有人的尊严，要自尊、自信、自爱、自强等；社会应能提供保证个人的尊严、满足个人的需要的物质的和精神的条件和手段。

人的社会价值和个人价值是不可分割的。个人价值是社会价值的必要前提，社会价值是个人价值的外在体现。一方面，社会应尽可能地创造条件，使人的个人价值得到保证，即为满足个人发展提供必要的物质的和精神的条件。个人的个性和才能越发展，其为社会创造的物质和精神财富就越丰富。社会的物质精神财富越丰富，社会的文明程度就越高，发展的速度也就越快。另一方面，个人必须努力对社会尽责，在实现社会价值的过程中，实现人的个人价值。没有社会价值，个人价值也无法实现。一个人完全脱离社会，不为社会做任何贡献，一味强调社会、他人对自己的尊重，强调个人的需要的满足，这是不合理的，也是不能实现的。正是从这个意义上来说："人生的价值在于奉献，而不在于索取。"试想，如果社会的每个成员都只关心索取而不注重创造，人类社会还何以存在？即使创造与消费等值，人类社会也势必失去发展的基础和动力。

实际上，个人的实践能力、创造能力发挥得越充分，为他人和社会的贡献越大，社会的物质财富和精神财富就越多，社会的文明程度就越高，就越能满足人们日益增长的物质和文化需要，促进人们主体性和个性的发展，从而最大限度地保障社会每个成员的个人价值的充分实现。

"糖丸"爷爷顾方舟

在中华人民共和国建立初期，当脊髓灰质炎病毒肆虐于中华大地、恣意侵害少年儿童的健康之时，我国的一位病毒学专家临危受命，用一生之中的大好年华消灭了中国大地上的脊髓灰质炎病毒。

有人说，他就是一艘方舟，载着中华人民共和国的孩子，避开了脊髓灰质炎病毒的劫难。

他，就是我们的"糖丸爷爷"顾方舟（见图 7-3）。

图 7-3

1926 年 6 月 16 日，顾方舟出生在上海市的一户普通人家里。1944 年，顾方舟以优异的高考成绩填报了北京大学医学院医学系，并于同年 9 月被顺利录取。

1955 年，脊髓灰质炎病毒在江苏省南通市全面爆发，主要侵犯少年儿童，并逐渐随着人群的流动而扩散至全国多个省市，可怕的病毒对患儿的致死率为 28%，致残率为 75%。

顾方舟临危受命，带领着一群知识分子前往昆明，利用荒山深处的疫苗研发实验站来研发脊灰疫苗。他们还捉来西双版纳丛林中的猴子做动物实验，可谓筚路蓝缕，几多艰辛。在与病毒的"实战"中获得成长的顾方舟，就此成了中国脊髓灰质炎防疫和研究工作的中流砥柱。

经过长期的努力，中国人自己研制的脊灰活疫苗于 1960 年年初问世，并开始迅速投产。1960 年年底，首批 500 万人份的疫苗走下生产线，在全国 11 个城市率先推广使用。顾方舟团队的调研活动紧随其后，很快，他们就发现凡是投放疫苗的城市，流行性脊髓灰质炎的发病高峰纷纷锐减。之后，小小的糖丸迅速走进了中国的千家万户。

1978 年开始，脊灰糖丸疫苗正式纳入我国计划免疫行列，全国发病病例数下降非常明显。而顾方舟并没有停歇下来，因为疫苗液体味道不好，许多儿童服用困难，再加上疫苗需要特定的保存方式，顾方舟再次扎进实验室，最终选择用糖、奶粉和奶油将疫苗液体包裹起来，制成一粒粒奶香四溢的"糖丸"，这极大地改善了脊灰疫苗的口感和储运方式。"糖丸"疫苗要完全发挥作用、令服用者终生免疫，接种人起初要在不同年龄段分期领服，一共 3 次。顾方舟又坐进了实验室，带领自己的团队不断将"糖丸"进行改进升级，最终研制出了三合一"糖丸"。也就是说，只需吃 1 次"糖丸"，便能实现对所有脊髓灰质炎病毒的全免疫，顾方舟也因此而获得了"中国病毒学之父"的盛誉。

1990 年，全国消灭脊髓灰质炎规划开始实施，此后几年病例数逐年快速下降。2000 年，世界卫生组织证实了中国已经彻底征服了脊髓灰质炎病毒，成为"无脊灰"国家，并为我国颁发了《中国消灭脊髓灰质炎证实报告》，时年 74 岁的顾方舟老先生则当之无愧地成为我国唯一代表在报告上签了字。从无疫苗可用到消灭脊髓灰质炎，顾方舟一路艰辛跋涉。当人们对他说，他护佑了数千万中国儿童的未来时，顾方舟却说："如果我早一点研究出疫苗，就能治好更多人，还有许多孩子我没有救回来。"在一次采访中，面对镜头的顾方舟一度哽咽。

"人生为一大事来，做一大事去"，这是先生一生最好的写照。2019 年 1 月 2 日凌晨，北京协和医院的病房里，顾方舟先生的心电图化成一条直线，生命永远定格了。几天后的追思会上，王辰院士表达自己的敬意："在中国消灭脊髓灰质炎的伟大进程中，先生以一名科学家的睿智、一名中国士子的担当，为我国预防和消除脊髓灰质炎提供了最重要的科技手段和科技产品，成功护佑了亿万孩子的生命健康！"

2. 在劳动实践中增强社会公德意识

公共服务活动是对学生进行共产主义教育的重要手段，是体现学生个人价值的重要形式。列宁认为：不计报酬的劳动表现了高度的劳动自觉性、劳动的首创精神和个人利益服从社会利益的崇高思想，是共产主义的萌芽。学生是社会整体文化素质水平较高的群体，社会对学生社会公德的修养和实践水平有更高的期望与要求。高职生虽年龄较小，但对宣传和维护社会公德也有不容推卸的责任，社会公德与人们在社会中的实践活动有着紧密的联系，因此培养社会公德意识离不开社会实践活动，高职生应当在实践中不断增强社会公德意识，努力做社会公德规范的传播者和实践者。

(1) 加强学习，形成对社会公德的认知，培养社会公德的情感。

高职生应当更加重视劳动学习，通过这一过程来深化对社会公德的理解和认知。要在日常生活中不断积累和体验与社会公德相关的知识和规范，从而逐步建立起对公德的判断意识和正确的是非评价标准。高职学生不仅要掌握社会公德的具体要求，更要在实际生活中积极培养对社会公德的深厚感情。

在参与社会公德的实践活动过程中，高职生应当努力培养一种积极劳动的道德情感，把热爱劳动视为一种荣耀，而将好逸恶劳视为一种耻辱。通过这种情感的培养，有助于高职生更加自觉地进行劳动。例如，在校园内外的各种社会实践中，高职生应积极参与志愿服务、环保活动、公共秩序维护等，通过这些活动，不仅能够提升自身的劳动技能，还能在实践中学会如何与他人合作、如何尊重他人、如何负责任地完成任务，从而逐步形成良好的社会公德认知和情感。

此外，高职生还需要不断地磨炼和提升自己的意志力。因为在当今社会中，存在着不良风气和诱惑，高职生们必须具备坚定的意志力，才能在投身劳动时保持自己的纯洁和正直。要时刻提醒自己要成为一个有道德、有责任感的人，为社会做出积极的贡献。只有这样，才能保持清醒的头脑，坚守自己的道德底线。

通过经常性的劳动，高职生可以体验到劳动实践的乐趣。当无论在学习还是生活中都能够做到脚踏实地、吃苦耐劳、尊重他人的劳动成果时，高职生会发现自己的内心变得更加充实和满足。这种内心的满足感和幸福感，是任何物质享受都无法比拟的。同时，高职生也会逐渐养成热爱劳动的良好习惯。这些习惯会在潜意识中扎根，成为行为的自然反应。

(2) 积极参与各种社会活动，在实践中培养社会公德意识和责任意识。

参与志愿者服务等公益事业和社会实践活动对学生了解社会、拓展实际工作能力，尤其是对增强社会责任感有极大的帮助。学生参与劳动实践活动本身也是一种学习，可以从实践中体会到什么是符合社会公德规范的行为，什么是不符合社会公德规范的行为，从而在实践中不断提高自身的社会公德素养，并积极带动他人，做社会公德意识的宣传员。高职生可以参加社会公益组织，参加社会公德的宣传活动，普及社会公德规范，发挥自己的作用。

从小事做起，从小节做起，积极践行社会公德规范。社会公德规范的行为包括社会公共生活中最微小的行为细节，因此，社会公德意识要在点点滴滴的日常小事中培养，"勿以善小而不为，勿以恶小而为之"。另外，高职生要学习基本的劳动法律知识，在遵守劳动道德规范的同时，时刻不忘用法律保护自己、他人和社会的合法利益；要积极利用各种有利的资源和环境，培养自己的社会公德意识和社会责任感，并积极参加劳动，认真履行社会公德规范，不辜负社会的期望，让自己成为一个有利于社会的人。

劳动风采录

不为钱活却最富有
——袁隆平千亿身价的社会价值

袁隆平(见图7-4)超过1000亿元的身价，足以让富豪榜上的"大款"们黯然失色。虽然这样的比较不那么崇高，但它对当代青年仍有启迪意义。

图7-4

袁隆平的千亿身价并不直接体现在他个人的财富上，而是更多地体现在他为社会创造的财富中。近年来，全国杂交水稻年种植面积为2.4亿亩左右，全中国年增产的稻谷可以养活7000多万人口。7000万意味着什么？每个人都能掂出其中的分量。

对普通人来说，1000亿元是一个天文数字。但是，如果将袁隆平对社会的贡献折成金钱，那么，这1000亿元又是高山底下的一抔黄土，是钱袋子里掉下的一枚硬币，根本算不上什么。

不仅如此，袁隆平淡泊名利的人生态度、脚踏实地的奋斗精神，甚至他追求自由的真我性情，都闪烁着独特的人格魅力。

袁隆平从没将追求金钱作为自己的人生追求，却成了名副其实的"富翁"。只要他愿意，杂交水稻就是其取之不竭的"摇钱树"，但他不是一个想着捞钱的人。袁隆平的经历，再次验证了成功路上的一个规律：整天一门心思想着捞钱的人，往往两手空空；不为钱而活着的人，反而是最富有的人。

每一个人在年轻的时候，都曾无数次地思考这样的问题：怎样才能实现自己的价值？哪里有成功的捷径？袁隆平成为"杂交水稻之父"的奋斗经历、"让世界远离饥饿"的远大理想告诉我们，只有将个人价值与奉献社会结合起来，一个人的成功才是最有价值的。只有将崇高的理想建立在一项项具体，甚至枯燥的工作上，一个人的奋斗才是扎实的，也是离成功最近的。

三、热爱劳动，追逐梦想

马克思认为："任何一个民族，如果停止劳动，不用说一年，就是几个星期也要灭亡。"这句话足以让人们意识到劳动对于一个民族的重要性。对于个人而言，劳动同样重要，因为劳动是人们创造美好生活、实现理想的工具。无数人于平凡中创造伟大，在劳动中追逐梦想。

1.劳动创造历史

中华民族是热爱劳动、善于劳动的民族，劳动的血液深深流淌在人们身上。从古至今，中国人民都用劳动向世界展示了中国人民的脊梁。勤劳的中国人创造的辉煌灿烂的中华文明，在很长的一段历史时期都居于世界领先地位，浩若烟海的科学技术成就，为世界文明的发展做出了突出的贡献，成就最大的是农学、天文学、数学和中医学，诞生了诸如四大发明等影响世界文明进程的众多科技成果。这些发明和改变都离不开劳动，也正是劳动创造了中华民族源远流长、丰富灿烂的文化。

四大发明是中国古代先民为世界留下的一串光耀的足迹，是为人类文明进步做出巨大贡献的象征。中国的四大发明在欧洲近代文明产生之前陆续传入西方，对西方科技发展产生一定影响。造纸术的发明为人类提供了经济、便利的书写材料，掀起一场人类文字载体革命；雕版印刷术大大促进了文化的传播，对于社会的进步和发展起着重大的作用；指南针为欧洲航海家的航海活动提供了条件，为西方奠定了世界贸易和工场手工业发展的基础；火药武器的使用改变了作战方式，帮助欧洲资产阶级摧毁了封建堡垒，加速了欧洲的历史进程。

中国这艘巨轮的行进史，就是一部劳动人民勤劳耕耘、不懈拼搏的奋斗史。在波澜壮阔的历史进程中，数万万劳动者以昂扬的革命精神和蓬勃的创造力量，积极投身革命、建设和改革的洪流之中，为实现民族独立、国家富强和人民幸福做出了不可磨灭的历史贡献。正因为有了劳动创造，才有了历史的辉煌；正因为有了劳动创造，才有了丰满的现实。劳动光荣、创造伟大，正在成为时代强音。

长久以来，我国劳动者被更多地与"勤劳"的标签联系在一起。正是一砖一瓦的辛勤劳动，才搭建出社会主义事业大厦；正是一笔一画的辛勤绘制，才描绘出民族的美好未来。辛勤劳动在任何时代都是光荣的。而随着时代的前进和社会的发展，劳动方式在不断改变，劳动内容在不断丰富，劳动技术在不断发展，劳动价值也在不断升华。劳动形态的变化，对劳动者也提出了更高的要求。习近平总书记强调："当代工人不仅要有力量，还要有智慧、有技术，能发明、会创新。"劳动者要实干，还要创新，因为"劳动者素质对一个国家、一个民族发展至关重要。劳动者的知识和才能积累越多，创造能力就越强"。

四 大 发 明

四大发明一般是指中国古代创新的智慧成果和科学技术，包括造纸术、指南针、火药、印刷术。

1. 造纸术

造纸术是人类文明史上的一项杰出的发明创造。造纸术发明于西汉时期，改进于东汉时期的蔡伦，为了纪念蔡伦的功绩，这种纸也被叫作"蔡侯纸"。

东汉殇帝元年(105 年),蔡伦在总结前人制造丝织晶的经验的基础上,形成了成熟的原料分离、打浆、抄造、干燥四步法造纸术。用树皮、破渔网、破布、麻头等作为原料,制成了适合书写的植物纤维纸,改进了造纸术,使纸成为人们普遍使用的书写材料,也让当时的人们对纸的概念有了一个统一的认识。

2. 指南针

指南针是用以判别方位的一种简单仪器,前身是司南。其主要组成部分是一根装在轴上的磁针,磁针在天然的磁场的作用下可以自由转动并保持在磁子午线的切线方向上,磁针的南极指向地理南极(磁场北极),利用这一性能可以辨别方向。据《古矿录》记载,司南最早出现于战国时期的磁山一带。

在中国古代,司南起先应用于祭祀、礼仪、军事和占卜。北宋时制成了指南针,并开始用于航海事业。南宋时期海外贸易发达,指南针广泛用于航海。

3. 火药

火药由中国古代炼丹家发明于隋唐时期,距今已有一千多年了。

火药是一种黑色或棕色的炸药,由硝酸钾、木炭和硫黄机械混合而成。火药的研究开始于古代道家炼丹术,古人为求长生不老而炼制丹药,炼丹术的目的和动机都是超前的,但它的实验方法还是有可取之处的,《本草纲目》中就提到火药能治疮癣、杀虫、辟湿气和瘟疫,火药的配方在后期由炼丹家转到军事家手里,就成为中国古代四大发明之一的黑色火药。唐朝末年,火药开始运用于军事领域。宋元时期,火药广泛用于制造战争武器,主要有突火枪、火箭、火炮等。

4. 印刷术

中国是世界上最早发明印刷术的国家。印刷术分为雕版印刷术和活字印刷术,其中雕版印刷术发明于唐朝,并且在唐朝中后期普遍使用;而活字印刷术是由宋仁宗时期的毕昇发明的。

印刷术主要有四个步骤:研墨、刷墨、固定、拓印。首先把需要的字排在字盘里,用刷子蘸一点油墨在盘子里研磨,直到油墨均匀地分布于刷头上,再往字模上刷均匀,每个标点符号都要刷到,再把宣纸放在字模上,用滚轮一点点滚,力度要适中,直到每个字都清晰为止。

世界上现存最早的印刷物是唐咸通九年(868 年)印制的《金刚经》,金刚经全长 4877 毫米,高 244 毫米,由七张粘连起来而成一卷。卷首有《释迦说法图》,末有"咸通九年四月十五日王玠为二亲敬造普施"题记。

2. 劳动铸就辉煌

劳动是财富的源泉、幸福的源泉，勤于劳动、善于创造是中华民族最为鲜明的伟大品格。在不懈追求美好生活的辛勤劳动中，中国人民用汗水浇灌梦想，靠实干铸就辉煌，谱写彪炳史册的奋斗诗篇，开辟民族复兴的光明前景。当前，我国国内外环境、经济增长机制都已发生重大变化。无论是实现经济的升级换挡还是提质增效，无论是实现"中国制造2025"还是在新一轮全球科技革命和产业革命中抢占先机，都需要通过创新驱动发展。这一切都呼唤创造性劳动、创新性劳动，创业创新不是企业家、年轻人或者科研人员的"专利"，而是与每一个劳动者都息息相关的。

催人奋进的伟大时代、前无古人的伟大事业，构成人们施展才干的广阔舞台。"国家之前进在于人人勤奋、奋发、向上"，实现国家富强、民族振兴、人民幸福的奋斗目标，离不开工人阶级和广大劳动群众的劳动创造，需要始终弘扬劳模精神、劳动精神。一砖一瓦，加高事业大厦；点滴创造，编织幸福生活。让一切劳动创造者获得应有的尊重和鼓励，在全社会贯彻尊重劳动、尊重知识、尊重人才、尊重创造的重大方针，树立以辛勤劳动为荣、以好逸恶劳为耻的荣辱观念，感染、激励和引导全体人民以高度自觉的主人翁责任感，在平凡的岗位上创造不平凡的业绩。

每个时代都孕育着其独特的荣耀与梦想。劳动与创造，无疑是塑造这些荣耀与梦想的关键途径。世间美好的梦想，唯有通过辛勤的劳动才能变为现实；发展过程中遇到的种种挑战，也唯有通过不懈的劳动才能得以解决；生命中所有的辉煌成就，同样只有通过劳动才能铸就。正是劳动，塑造了中华民族，缔造了其辉煌的历史，并将继续开创中华民族光明的未来。

中国进入创新型国家行列

党的十八大以来，以习近平同志为核心的党中央把握世界发展大势，立足当前、着眼长远，把科技自立自强作为国家发展的战略支撑，推动实施科教兴国战略和创新驱动发展战略，坚定不移走中国特色自主创新道路，我国科技事业发生了历史性、整体性、格局性重大变化，成功进入创新型国家行列，走出了一条从人才强、科技强到产业强、经济强、国家强的发展道路。

这是我国科技进步最大、科技实力提升最快的十年。全社会研发投入从 2012 年的 1.03 万亿元增长到 2021 年的 2.79 万亿元，基础研究经费增至十年前的 3.4 倍，企业科技投入占全社会研发投入比例达到 76%。

国家战略科技力量渐成体系，研发人员总量稳居世界第一位，高新技术企业数量超过 33 万家。"天问""天和""嫦娥"叩问浩瀚苍穹，"奋斗者"号、"深海一号"挑战极限海深，中国高铁、中国大坝、中国桥梁、中国港口铸就中国名片。近年来，我国创新实力更加雄厚，科技强国建设步伐不断加快，国家创新能力综合排名不断上升，开启了推进高水平科技自立自强、建设科技强国的新阶段。

这是科技创新持续为高质量发展赋能提速的十年。关键核心技术突破推动产业向中高端攀升。高性能装备、智能机器人、增材制造、激光制造等技术的突破有力推动制造业升级发展，新能源汽车、新型显示产业规模居世界第一，迄今超过 2000 项航天技术成果服务国计民生。超级计算、大数据、区块链、智能技术等加快应用，推动人工智能、数字经济蓬勃发展。港珠澳大桥、川藏铁路等一批重大工程建设顺利实施，深海油气、煤炭清洁高效利用、新型核电技术为国家能源安全提供有力保障。我国高新区聚集了全国 1/3 以上的高新技术企业，23 家国家自主创新示范区和 173 家高新区成为高质量发展的动力源。

★ 知识拓展 ★

中国青年志愿者行动与顶岗实习

一、中国青年志愿者行动

1. 中国青年志愿者行动基本情况

1993 年年底，共青团中央决定实施中国青年志愿者行动。12 月 19 日，2 万余名铁路青年率先打出了"青年志愿者"的旗帜，在京广铁路沿线开展了为旅客送温暖志愿服务。之后，40 余万名大中学生利用寒假在全国主要铁路沿线和车站开展志愿者新春热心行动，青年志愿者行动迅速在全国展开。

为推动青年志愿服务事业的发展，团中央于 1994 年 12 月 5 日成立了中国青年志愿者协会，随后，各级青年志愿者协会逐步建立起来。1998 年 8 月，团中央成立了青年志愿者行动指导中心，负责规划、协调、指导全团的青年志愿服务工作，承担中国青年志愿者协会秘书处的职能，山西、广西、广东、上海、贵州、重庆、辽宁、四川、湖北等省(区、市)也成立了相应的专门工作机构。

为使志愿服务落实到基层，深入千家万户，从1995年开始，我国开始进行社区青年志愿者服务站建设工作。现在，由24 000多个街道社区青年志愿者服务站、10多万支志愿者服务队组成的青年志愿服务基层组织网络已见雏形。

与此同时，青年志愿者招募、培训、考核、评估、表彰等制度普遍建立起来，青年志愿服务的内部运行机制逐步形成。1999年8月，广东省人民代表大会通过了《广东省青年志愿服务条例》。随后，山东省人民代表大会也通过了《山东省青年志愿服务规定》，南京市人民代表大会通过了《关于开展青年志愿者行动的决定》，福建、河南等省的青年志愿服务立法也已经被纳入了省人大立法规划，这些工作推动了全国志愿服务的立法进程。

1997年年底，江泽民为"中国青年志愿者"亲笔题名，2000年年初又对青年志愿者工作做出重要批示，指出："青年志愿者行动，是当代社会主义中国一项十分高尚的事业，体现了中华民族助人为乐和扶贫济困的传统美德，是大有希望的事业。"

"中国青年志愿者"标志(见图7-5)的整体构图为心的造型，同时也是英文"青年"的第一个大写字母"Y"，图案中央既是手，也是鸽子的造型。标志寓意为中国青年志愿者向社会上所有需要帮助的人们奉献一片爱心，伸出友爱之手，以跨世纪的精神风貌面向世界，走向未来，表现出青年志愿者"热情献社会，真情暖人心"的主题。

图 7-5

2. 青年志愿者行动的社会影响

青年志愿者行动实施以来，产生了良好的社会影响，志愿服务正在成为新的社会风尚，越来越多的青年及社会各界群众加入志愿者的行列。实践充分证明，青年志愿者行动符合时代发展的潮流，符合人民群众的需要，符合当代青年的特点，蕴藏着巨大的发展潜力，呈现出旺盛的生命力和广阔的发展前景，是发展社会主义市场经济中一项生机勃勃的事业，是广大青年实践中国特色社会主义重要思想理论的有效载体。

青年志愿者行动使一些需要帮助的社会成员从志愿服务中感受到社会的温暖，在全社会弘扬"奉献、友爱、互助、进步"的志愿精神，倡导时代新风正气，对社会主义道德建设有积极的推动作用，已经成为新时期群众性精神文明创建活动的有效途径。

青年志愿者行动以"扶贫济困"为主题，以社会困难群体为主要扶助对象，通过志愿服务方式为困难群众提供实实在在的帮助，为我国多层次社会保障体系的建立做出了积极的贡献。

青年志愿者行动适应当代青年自主意识、参与意识日益增强的特点，组织与引导青年以志愿服务方式积极参加经济建设和社会发展，调动了青年的内在积极性，这已经成为共青团在社会主义市场经济条件下动员和组织青年的有效手段，为服务西部大开发发展战略、有效配置人力资源进行了积极探索。青年志愿者行动为当代青年在实践中锻炼成长提供了广阔的舞台，开辟了现实的途径，体现了共青团在实践中育人的宗旨，成为新时期青年工作的重要内容。青年志愿者行动与国际志愿服务接轨，在国际上树立了当代中国青年的良好形象，成为加强与各国青年之间交流与合作的重要渠道。

3. 推动我国志愿服务事业创新发展

以实施志愿者注册制度为核心，大力加强志愿服务队伍建设。全面推行志愿者注册制度，努力建设一支相对稳定的志愿者骨干队伍。规范注册志愿者的管理工作，实现志愿者、服务对象和活动项目的有效对接，以此带动志愿服务项目建设、组织建设、机制建设等各项基础建设。以社会需求特别是困难群众的需求为导向，全面推进志愿服务项目建设。深化青年志愿者社区发展计划，逐步健全覆盖社区的青年志愿服务网络，努力使青年志愿者成为参与社区服务和社区建设的一支重要力量。以各级志愿者指导中心和服务站建设为重点，着力抓好志愿服务组织建设：一是加强指导中心和服务站建设，强化其作为志愿服务实际操作机构的功能，形成完善的志愿服务组织管理实施网络。二是进一步完善各级志愿者协会建设，并依托协会争取社会各方面的支持。以实现可持续发展为目标，不断深化志愿服务机制建设。按照志愿服务项目的实施流程，完善各个环节的运行机制，如志愿服务项目立项机制、志愿者招募机制、志愿者培训机制、志愿服务约束机制、接力机制、监督机制和评价表彰机制。

二、顶岗实习

1. 顶岗实习概述

顶岗即顶替企业员工的具体工作岗位。实习即在实践中学习。顶岗实习是指职业院校的学生在经过理论储备和基本技能的学习之后，在实践岗位上将知识转化为生产力，并在实践中不断提高自身能力的一种实践性教学活动。

顶岗实习时间不少于半年，一般安排在学生在校学习的最后一年。这样的安排符合教育规律。学生只有在积累了一定的理论知识之后，参加顶岗实习才能起到真正的作用。若没有前期的知识储备，遇上机械操作性的岗位，学生很可能会因为缺乏相应理论和知识而危及人身安全。

顶岗实习可以开阔学生的视野，使学生将所学知识及技能应用于岗位实践，熟悉自己即将从事的行业运行情况，较全面地获得本专业生产实际中最常用的技术知识、管理知识和实际操作技能；提高学生的职业素质和独立工作能力，激励学生的敬业和创业精神，为就业做好心理准备，为毕业后走向工作岗位打下坚实基础。

2. 顶岗实习的形式

(1) 集中顶岗实习。为了方便统一管理，完成学生的学习任务，由学校联系企事业单位，安排指导教师带领学生集体到企事业单位进行顶岗实习的形式就是集中顶岗实习。集中顶岗实习有助于学校实施统一的管理和控制，有助于贯彻落实顶岗实习的任务目标。学校负责联系安排实习单位，通过定点定岗的形式对学生的实习内容、实习情况等进行统一安排。

(2) 分散顶岗实习。分散顶岗实习又称自联顶岗实习，是学生 (及其家长) 在确保各种安全的情况下，自己联系实习单位进行顶岗实习，完成实习任务的形式。分散顶岗实习能够让学生以家庭为中心，就近选择实习单位，选择喜欢的行业、职位等。对初入职场的学生而言，在交通、食宿等都方便的条件下，安全感相对较高也有助于学生集中精力完成实习，收获良好的实习效果。

3. 顶岗实习的特点

(1) 兼具教育性与职业性。顶岗实习具有教育性和职业性。顶岗实习与专业培养目标密切相关，是学校培养合格人才十分重要的一个教学环节。在顶岗实习过程中，由于学校和实习单位教师的指导，学生的专业知识能获得一定增长，实践操作技能也能实现一定的提高。

(2) 学生具有双重身份。在顶岗实习中，实习学生既是学校的学生，也是企业的员工，身份具有双重性。顶岗实习的学生必须接受学校和实习单位的双重管理。在顶岗实习期间，学生既要完成学习任务，也要履行顶岗实习单位员工的岗位职责；既要遵守学校的规章制度，也要遵守实习单位的相关规定。

(3) 学习内容具有针对性。顶岗实习针对具体岗位设置，学习的内容具体、明确、有针对性。学生在顶岗工作过程中，通过学习和锻炼可以提升职业素养与职业能力，也会遇到很多书本上没有讲解到的具体知识和技能。因此，学生必须善于在实践中学习，善于在岗位工作中学习，以提高自己的就业竞争能力。

(4) 教学模式的特殊性。顶岗实习强调教学实践与工作过程相结合，是实施工学结合人才培养的有效模式。在顶岗实习过程中，学生是实习单位的准员工，要将所学的理论知识与工作相结合。

(5) 国家政策的强制性。2005 年，国务院发布的《关于大力发展职业教育的决定》(国发〔2005〕35 号) 规定："中等职业学校在校学生最后一年要到企业等用人单位顶岗实习，高等职业院校学生实习实训时间不少于半年。"此后，国务院、教育部等陆续下发关于职业教育的相关政策文件，对这一要求进行重申。

4. 顶岗实习的目的

《国务院关于加快发展现代职业教育的决定》(国发〔2014〕19 号) 中明确指出，发展现代职业教育必须"坚持以立德树人为根本，以服务发展为宗旨，以促进就业为导向，适应技术进步和生产方式变革以及社会公共服务的需要，深化体制机制改革，统筹发挥好政府和市场的作用，加快现代职业教育体系建设，深化产教融合、校企合作，培养数以亿计的高素质劳动者和技术技能人才"。顶岗实习就是实现现代职业教育目标的有效模式。

职业院校组织学生参加顶岗实习的根本目的是培养社会需要的合格的职业人，提升职业人的培养质量，让学生实现从学校人向职业人的转换。通过顶岗实习，学生将理论知识与工作实践有效地结合起来，增加对社会的了解，丰富社会实践经验，提升自身的综合素质；通过顶岗实习，学生强化动手操作潜能，从而实现零距离上岗；通过顶岗实习，学生提高自身的管理能力、应变能力及运用知识解决实际问题的能力，培养自身实事求是、严肃认真的科学工作态度；通过顶岗实习，学生学习如何解决问题，从而总结经验教训，为以后的发展奠定基础。

对于职业院校来讲，顶岗实习的目的就是使学生置身于真实的生产环境中，实际参与生产过程，接触最新的技术和设备，把校内学习与企业生产实践紧密结合起来，进一步培养、提高学生的实践能力、职业素质和岗位技能。在顶岗实习中，学生有机会将所学的专业理论知识应用到工作中，对所学专业的认识会更加具体，对专业理论的学习和理解会更加深刻，并能够通过实践操作来验证和丰富理论，达到学以致用、工学相长的效果。

5. 顶岗实习的任务

(1) 增强岗位担当意识，培养爱岗敬业的职业品质，养成良好的职业道德。一般来说，校园的生活环境和社会的工作环境差距较大，校园主要专注于培养学生的学习潜力和专业技能，社会主要专注于员工的专业知识和业务潜力。

(2) 转变观念，实现角色转换，提升工作能力。学生从学校到企业，从学校的生活学习切换到现实社会，往往需要较长的适应期。学生只有实现了角色转换，才能顺利地完成顶岗实习的任务，实现从校园走向社会的平稳过渡，继而树立正确的就业创业观念。

(3) 丰富社会实际经验，增强岗位的适应性。参加顶岗实习，对大部分学生而言是一次重大挑战与自我升华。在应对用人单位的面试时，大多数学生会被问到有无工作经验，从实际情况来看，这道门槛也拦住了不少学生。

(4) 提高社会化程度，促进自我发展。在毕业前，顶岗实习能够使学生提前进入社会，在工作中积累经验，将理论知识与具体工作相结合，找到自己的不足。在明确不足之后，学生要有效利用时间多学习，不断完善自己。只有这样，学生才能既满足企业的岗位需要，又促进自己的职业发展。

6. 顶岗实习的政策依据

《国家中长期教育改革和发展规划纲要 (2010—2020 年)》中指出："把提高质量作为重点。以服务为宗旨，以就业为导向，推进教育教学改革，实行工学结合、校企合作、顶岗实习的人才培养模式。"

2016 年 4 月 11 日，教育部、财政部、人力资源社会保障部、国家安全监管总局、中国银保监会研究制定了《职业学校学生实习管理规定》，自发布之日起开始实施，《中等职业学校学生实习管理办法》(教职成〔2007〕4 号) 同时废止。《职业学校学生实习管理规定》中指出："顶岗实习是指初步具备实践岗位独立工作能力的学生，到相应实习岗位，相对独立参与实际工作的活动。"

在全球化浪潮下，中国正告别"世界工厂"而走向"质量时代"，这对高技能劳动力的需求也不断攀升。2018 年，"加大高技能人才激励"被写入政府工作报告。党的十九大报告指出，优先发展教育事业，并提出完善职业教育和培训体系，深化产教融合、校企合作。

发展职业教育是推动经济发展、促进就业、改善民生、解决"三农"问题的重要途径，是缓解劳动力供求结构矛盾的关键环节，必须摆在更加突出的位置。国家一系列现行的政策为职业学校学生顶岗实习提供了基本的制度保障。职业教育要面向人人、面向社会，着力培养学生的职业道德、职业技能和就业创业能力。

★ 活动与评价 ★

活动：职业规划演讲比赛

为传播职业生涯发展的理论知识，增强学生树立职业生涯规划的意识，引导学生自觉树立正确的成才观、择业观和就业观，努力提高实践能力、就业能力和创业能力，故开展职业规划演讲比赛。

比赛要求参赛选手根据抽签顺序依次上台进行 5 分钟的 PPT 展示；每位选手讲解结束后，评委对其进行现场提问，该选手随即进行现场答辩。待所有参赛选手的讲解和答辩结束后，评委进行综合点评，同时工作人员统计比赛结果，评选出一等奖 1 名，二等奖 2 名，三等奖 3 名和优秀奖若干。

评分标准：

以下评分标准的满分为 100 分。(该标准仅供参考，也可根据实际情况自行拟定)

(1) 内容的原创性和深度：需展示对职业规划的独到见解和深入理解，清楚目标行业现状、发展趋势和就业需求，准确把握目标岗位的任职要求、工作流程、工作内容，以及目标岗位所需的专业能力、解决实际工作问题的能力等。(40 分)

(2) 结构的逻辑性和条理性：有清晰的开头、主体和结尾，逻辑严谨，层次分明。职业目标契合行业发展前景和人才需求。(20 分)

(3) 表达的准确性和流畅性：语言表达要准确无误，用词恰当，语句通顺，能够吸引听众的注意力。(20 分)

(4) 演讲的感染力和互动性：应具备良好的表现力，能够通过肢体语言、声音变化与听众建立情感联系。(10 分)

(5) 时间控制：演讲时间需严格控制在规定范围内，既不拖沓，也不仓促，确保内容完整传达。(10 分)

【活动评价】

请对以上活动进行评价 (见表 7-1)。

表 7-1　活动评价表

评 价 内 容	评 价 情 况			
	自我评价 (20%)	小组评价 (30%)	教师评价 (50%)	最终评价
活动中的劳动态度情况 (20 分)				
活动中的劳动表现情况 (30 分)				
活动中的劳动成果情况 (30 分)				
活动中体现的团队合作能力 (20 分)				

单元八
智启 AI，让人工智能为劳动增翼

人工智能是新一轮科技革命和产业变革的重要驱动力量，加快发展新一代人工智能是事关我国能否抓住新一轮科技革命和产业变革机遇的战略问题。要深刻认识加快发展新一代人工智能的重大意义，加强领导，做好规划，明确任务，夯实基础，促进其同经济社会发展深度融合，推动我国新一代人工智能健康发展。

——习近平在主持中共中央政治局就人工智能发展现状和趋势举行的第九次集体学习时的讲话 (2018 年 10 月 31 日)

★ **知识传递** ★

一、AI 与劳动的关系

人工智能 (AI) 正在重塑劳动的内涵与形态，其核心在于工具的升级、能力的延伸与劳动模式的革新。AI 并非简单替代人类劳动，而是通过技术赋能提升效率、优化分工、创造新价值，推动劳动者与智能技术形成协同共生的关系。人工智能与劳动的关系体现在以下几个方面。

1. AI 赋能劳动：效率与安全双重提升

AI 通过自动化、数据化、智能化技术突破了传统劳动的瓶颈，主要表现在以下方面。

(1) 效率跃升：在制造业中，用 AI 质检系统替代人工目检，处理速度可提升 10 倍以上；在农业中，无人机喷洒农药可覆盖数百亩农田，耗时仅为人工的 1/5。

(2) 风险规避：在高危场景 (如矿井巡检、火灾救援) 中，用 AI 机器人替代人力，可大幅降低伤亡率；在医疗领域，用 AI 辅助诊断，可降低人为误判的风险。

(3) 创新驱动：AI 能够分析海量数据，帮助劳动者发现规律、优化决策 (如物流路径规划、市场需求预测)，从而激发劳动的创造力。

2. 人机协作：劳动分工的智能化转型

AI 推动了劳动模式从人力主导转向人机协作，主要表现在以下方面。

(1) 重复性劳动让渡：AI 承担流水线操作、数据录入等程式化工作，可以使劳动者转向监督、维护与优化环节。

(2) 人类优势强化：AI 在情感交互与复杂情境决策能力方面还存在局限性，教师、护士、设计师等需要人际互动与创意的工作仍以人类为核心，AI 只能作为辅助工具 (如生成教学素材、监测患者指标) 服务人类。

(3) 新职业涌现：AI 催生了诸如数据标注员、算法训练师、智能设备运维员等新兴岗位，拓展了人类的就业范围，但同时也要求劳动者掌握 "AI 工具使用 + 领域知识" 的复合技能。

3. 挑战与平衡：技术伦理与劳动者发展

AI 普及的同时也带来了不少的社会争议问题，主要表现在以下方面。

(1) 就业结构冲击：AI 普及使得低技能岗位可能会出现缩减，但历史发展表明，技术革命会创造更多就业机会 (如 ATM 机推动银行服务转型)。

(2) 数据与隐私风险：AI 依赖数据训练，需规范数据使用边界，避免劳动者信息滥用的风险。

(3) 技能转型压力：AI 的发展促使劳动者需终身学习，要从传统的体力劳动与经验依赖型模式向技术应用能力与创新素养主导的新型能力架构转型。

二、AI 在各劳动行业的应用

工业革命以来，技术的迭代始终与劳动形态的演进紧密相连。从蒸汽机解放体力到计算机替代脑力，人类不断通过工具突破劳动效率的边界。而 AI 的崛起，标志着劳动革命迈入新纪元——它不仅是单一环节的"效率工具"，更成为重塑产业逻辑、重构价值网络的"变革引擎"。

1. 制造业

制造业作为实体经济的核心领域，正在经历由 AI 驱动的第四次工业革命。AI 技术的渗透不仅优化了单一的生产环节，更重塑了从研发设计到供应链管理的全产业链逻辑，制造业正经历从"经验驱动"到"数据智能"的全链条重构。

1) 生产流程的智能化跃迁

传统制造业依赖人工经验与标准化流水线，而 AI 通过"数据感知—分析决策—执行反馈"的闭环，实现了动态优化。

2) 质量控制体系的革命性突破

传统质检依赖人工目检与抽样统计，存在效率低、漏检率高的问题。AI 视觉检测系统通过高分辨率工业相机与深度学习算法，实现了全检替代抽检。以半导体晶圆检测为例，AI 系统可在 0.5 秒内完成单晶片 10 万以上缺陷点的识别分类，准确率达 99.99%，速度与人工检测相比，提升了 200 倍。更为关键的是，AI 基于持续学习构建的缺陷数据库，可逆向驱动工艺优化，形成"检测—分析—优化"的智能闭环。

3) 供应链的预测性协同

制造业的库存管理与物流调度长期面临"牛鞭效应"的困扰。AI 能够通过整合销售数据、天气信息、交通动态等多源数据，构建供应链预测模型。例如，某工程机械企业运用 AI 预测区域市场需求，将零配件库存周转率提升 35%，将紧急订单响应时间从 72 小时压缩至 8 小时。这种智能协同能力，使得制造业从"以产定销"向"以需定产"的柔性生产模式转型。

2. 农业

农业作为最古老的劳动领域，正在 AI 技术加持下突破自然限制与资源约束，形成"天地空一体化"的智慧农业体系，实现从"靠天吃饭"到"知天而作"的精准升级。

1) 生产环节的精准调控

传统农业依赖经验判断作物生长状态，而 AI 通过卫星遥感、无人机航拍与田间物联网设备，构建作物生长的多维数据模型。例如，在某水稻种植区，AI 系统综合土壤温湿度、叶片光谱特征与气象预报数据，生成动态的施肥灌溉方案，使氮肥利用率从 30% 提升至 55%，亩均增产 18%。这种"数据种田"模式，实质上将农业生产从"定性经验"转化为"定量科学"。

2) 农机装备的自主化升级

智能农机装备正从"机械替代人力"向"AI 自主决策"进化。例如，某无人机搭载 AI 路径规划系统，可自主识别田块边界、规避障碍物，并依据病虫害热力图实现变量施药，农药利用率较传统方式提升 60%。更前沿的无人收割机通过激光雷达与视觉融合感知，在复杂的田间环境中实现厘米级的定位精度。

3) 产销对接的智能桥梁

农业价值链的痛点在于生产与市场的割裂。AI 能够通过分析电商平台消费数据、物流冷链信息与区域价格波动，建立农产品供需预测模型。用数据连接土地与餐桌的模式，正在重构农业劳动的价值分配链条。

3. 服务业

服务业作为连接供需两端的关键环节，正在 AI 技术驱动下突破规模与个性化的悖论，构建"大规模个性化服务"新范式，实现从"标准服务"到"千人千面"的体验升级。

1) 客户服务的智能分层

传统客服面临人力成本高、服务质量不稳定的痛点。AI 能够通过自然语言处理与知识图谱技术，构建多级服务网络。例如，智能语音助手可以处理 80% 的常规咨询（如话费查询、物流跟踪等），将复杂问题自动转接人工客服，同时 AI 实时分析对话内容，为客服人员推送应对策略。

2) 个性化体验的算法赋能

服务业的价值核心正在从"功能交付"转向"体验创造"。例如，零售业的 AI 推荐系统能够通过分析用户浏览轨迹、社交偏好与消费能力，实现针对不同用户的精准营销。

3) 服务资源的动态调度

城市服务领域存在明显的时空资源错配问题，而 AI 可以重构服务资源的时空配置逻辑。例如，滴滴出行通过 AI 调度算法，实时预测区域用车需求，缩短司机接驾距离；美团外卖的智能派单系统综合考量餐厅出餐速度、骑手位置与交通状况，实现配送效率的持续优化。

AI 对劳动形态的重塑既带来了效率革命，也引发了就业结构、伦理规范等深层挑战。制造业需警惕"过度自动化"导致的技术性失业，农业要防范数据垄断加剧城乡数字鸿沟，服务业须平衡算法效率与人文关怀。AI 发展的终极目标应是"科技向善"——让技术解放人力而非替代人，使劳动者在 AI 赋能下聚焦更高价值的创造，这正是智能时代劳动教育的核心命题。

三、AI 赋能的伦理与挑战

AI 的快速发展正在重塑社会生产与生活方式，其伦理挑战亦伴随技术能力的跃升而日益复杂。AI 不仅是工具性的效率提升手段，更成为重构社会权力结构、价值体系与人类主体性的变革力量。其伦理问题的核心在于技术能力与人类价值观的动态博弈，涉及隐私、公平、责任、信任等多维度的矛盾与平衡。

1. AI 伦理挑战的深层逻辑与具体表现

1) 数据隐私与安全：技术赋能的"双刃剑"

AI 依赖海量数据训练，但数据收集与使用往往突破传统隐私边界。例如，医疗 AI 需分析患者基因组数据以优化诊疗，但未经充分脱敏的数据可能被二次识别，导致遗传信息泄露，甚至引发保险歧视。在儿童健康领域，AI 设备 (如智能手环) 采集的生理数据若被滥用，可能会影响儿童的长期社会权益。更严峻的是，生成式 AI(如深度伪造技术) 可合成逼真的虚假音视频，成为诈骗、诽谤的工具。

2) 算法偏见与社会公平：技术嵌入的"隐性歧视"

算法偏见源于训练数据的历史性偏差与技术设计的价值观缺位。例如，在招聘中，AI 若基于的是男性主导的行业数据训练，可能会低估女性候选人的潜力，加剧职场性别不平等。在医疗领域，基于发达国家数据训练的 AI 诊断模型应用于发展中国家时，可能会因生理差异而出现误诊，进一步扩大了医疗资源的鸿沟。这种偏见不仅体现为技术缺陷，更折射出社会结构的不平等在数字空间的复制。

3) 责任归属与法律真空：人机协作的"权责模糊"

AI 系统的自主决策能力会挑战传统法律的责任框架。例如，自动驾驶汽车发生事故时，责任应归咎于开发者 (算法缺陷)、使用者 (操作失误)，还是车辆本身？类似问题在医疗 AI 中更为尖锐。若在 AI 辅助诊断下出现失误，导致患者死亡，医生是否应因过度依赖技术而担责？现有法律体系尚未明确 "AI 代理" 的法律主体地位，导致追责困难。

4) 就业冲击与技能断层：劳动市场的 "创造性破坏"

AI 自动化替代低技能岗位已成趋势，预计全球银行业在未来 3～5 年将裁员 20 万人，制造业中智能质检系统使人工检测需求下降 90%。尽管新技术催生 AI 训练师、数据标注员等新兴职业，但技能转型壁垒也会导致结构性失业。例如，传统工人缺乏编程能力，难以胜任智能设备运维岗位，而 "AI 失业保障专项保险" 等政策仍处于试点阶段。

5) 透明度与信任危机：黑箱算法的 "认知鸿沟"

AI 决策过程的可解释性缺失会削弱公众信任。例如，金融 AI 的信贷评分模型若无法说明拒贷理由，可能被质疑存在种族或地域歧视。这种情况在医疗领域更甚。医生难以理解 AI 的诊断依据，患者则因 "机器决定生死" 而产生抗拒心理。儿童医疗 AI 若缺乏透明审计追踪，可能因模型过时导致误诊，且责任追溯需保存数据至患者成年后，这也增加了管理成本。

2. 应对策略：从 "事后修补" 到 "系统治理"

1) 技术治理：嵌入伦理的 "内生安全"

(1) 价值观前置设计：在 AI 开发初期融入伦理原则，如将公平性指标 (如统计均等、机会均等) 量化为算法参数，通过对抗训练消除偏见。

(2) 可解释性增强：开发 "白盒模型" 可视化决策路径，医疗 AI 需提供诊断依据的临床证据链，便于医生复核。

(3) 动态风险评估：建立 AI 生命周期监测体系，对高风险应用 (如自动驾驶、舆情分析) 实行备案审查与实时风控。

2) 法律与政策：构建 "全球 - 本土" 协同框架

(1) 责任划分标准化：区分开发者、运营者、使用者的责任边界，医疗 AI 需明确 "人在回路" 的强制要求，保留医生最终决策权。

(2) 数据主权立法：借鉴欧盟 GDPR(《通用数据保护条例》)，要求企业必须获取用户的明示同意，并对儿童数据实施 "隐私设计"，赋予其数据删除权。

(3) 跨国协作机制：践行《全球人工智能伦理宣言》，在联合国框架下设立 AI 治理委员会，协调各国监管差异，防止技术霸权。

3) 社会共治：多元主体的"韧性防御"

(1) 公众参与：在 AI 政策制定中纳入弱势群体代表，如通过公民陪审团审议算法公平性。

(2) 教育转型：中小学引入 AI 伦理课程，培养学生的批判性思维；职业教育设立"AI 转型基金"，资助失业者学习数据分析、人机交互等技能。

(3) 文化调适：在 AI 设计中，尊重家庭集体决策传统，避免技术自主性与文化价值观冲突。

4) 伦理创新：从"原则主义"到"美德实践"

(1) 美德导向设计：在医学教育中，利用大语言模型 (如 DeepSeek) 模拟"数字典范"，通过情景训练增强医学生的共情能力，弥补传统伦理教育重规则、轻美德的缺陷。

(2) 动态价值评估：构建跨文化伦理数据库，融合多文化仁爱观，使 AI 在多元语境中灵活适配伦理准则。

3. 未来方向：在"失控"与"赋能"之间寻找平衡

AI 伦理治理的核心矛盾在于技术迭代速度与人类认知、制度适应能力的错配。解决之道需超越"监管 vs 创新"的二元对立，转向"敏捷治理"。

(1) 动态适应性：建立伦理准则的版本迭代机制，随技术演进定期更新负面清单 (如禁止 AI 用于基因优选)。

(2) 人本主义导向：强调 AI 的"工具属性"，在医疗、教育等领域坚持"技术赋能而非替代人类"的原则，如 AI 作文批改系统需保留教师的情感互动环节。

(3) 技术向善激励：通过税收优惠、政府采购倾斜等措施，鼓励企业开发普惠型 AI(如视障者辅助工具)，避免技术红利被资本垄断。

AI 伦理问题的本质是人类文明在智能时代的自我审视，技术的终极目标应是"服务于人"，应在效率与公平、创新与秩序、机器理性与人性温度之间，找到可持续的平衡点。

★ 知识拓展 ★

DeepSeek：很多惊叹，更多惊喜

2025 年蛇年春节前后，中国人工智能企业深度求索 (DeepSeek)(其首页见图 8-1) 以其开源模型 DeepSeek-R1 在全球掀起一场"惊叹风暴"。

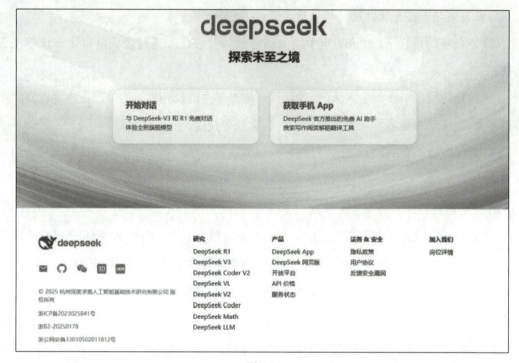

图 8-1

其爆火的速度令人惊叹。1 月 20 日，DeepSeek 正式发布 DeepSeek-R1。一周之内，DeepSeek 便登顶中美两国苹果手机应用商店免费榜榜首，不久又在约 140 个国家的手机应用下载排行榜上占据榜首，在东西方市场同时实现了现象级爆发。

其引发的反响令人惊叹。OpenAI 首席执行官萨姆·奥尔特曼表示："新竞争对手令人振奋。"美国《纽约时报》评价这"是一个里程碑"。英伟达、亚马逊和微软三家科技巨头，在同一天宣布接入 DeepSeek-R1。

远低于行业平均成本的研发投入，多模态交互、低能耗运算、多语言适配等关键技术的突破，模型推理能力的极大提升……DeepSeek 展现出的"高性价比创新"，破解了全球人工智能产业近年来"堆算力""大力出奇迹"的路径依赖。英国《金融时报》直言："DeepSeek 挑战了人工智能产业在过去一段时间的关键理念，即认为更强大的硬件才是推动人工智能发展的关键。"

DeepSeek！这个由中国科技企业创造的惊叹号，引人深思。面对美国的"小院高墙"政策，以深度求索为代表的中国科技企业正在不断实现技术突围。当美国芯片禁令试图延缓中国获取硬件时，更高效的替代方案反而在这种巨大压力下诞生了。

DeepSeek 的崛起，也给世界带来越来越多的惊喜。它的开源共享推动了人工智能技术在全球的普遍应用。在一些国家和地区，DeepSeek 的方言识别让偏远居民用上了 AI 医疗，搭载 DeepSeek 的终端也可做出农业灾害预警。越来越多的全球南方国家，将因这种先进高效的开源模型受益。中国常驻联合国代表傅聪指出："只有共同合作发展，才能弥合数字和智能鸿沟，特别是帮助全球南方在人工智能发展进程中平等受益。"

让我们将视线投向 DeepSeek 诞生的国度——中国。中国正深入实施科教兴国战略、人才强国战略、创新驱动发展战略，正在培养层出不穷的高科技人才。OpenAI 前政策主管杰克·克拉克称：DeepSeek "雇用了一批高深莫测的奇才"。DeepSeek 创始人梁文锋回应："'奇才'实际上'是一些 Top 高校的应届毕业生、没毕业的博四博五实习生，以及一些毕业才几年的年轻人'。"图灵奖得主、中国科学院院士姚期智指出："在本土 AI 人才培养上，中国从本科生到博士生展现出的面貌，均已达到世界一流水平。"正如傅聪所说："永远不要低估中国科研人员的聪明才智。"

推进中国式现代化，科学技术要打头阵，科技创新是必由之路。根据世界知识产权组织发布的《2024 年全球创新指数报告》，中国在全球的创新力排名上升至第 11 位，是 10 年来创新力上升最快的经济体之一。从量子计算到可控核聚变，从脑机接口到太空采矿，从华为原生鸿蒙操作系统到全球首个 PB 级超大容量光盘存储器……我们相信，中国迈向高水平科技自立自强的路上，将会不断闪耀星光。这些星光照亮的方向，将给世界带来新的希望。

以下是 DeepSeek 撰写的关于西安的宣传文案以及人工智能软件生成的相对应的图片（见图 8-2）。

图 8-2

如果我写西安，我不会只写兵马俑的陶土指缝漏下三千年尘埃，会写青砖缝里冒出的苍苔在春夜爬上大学习巷的墙沿；不会只写回民街的镜糕甜腻，会写油泼辣子呛进鼻腔时老饕眼角炸开的泪；不会只写大雁塔的琉璃飞檐，会写护城河里被桨橹搅碎的月亮像未央宫散落的银饰；不会只写钟楼暮鼓，会写老槐树下秦腔票友吼落的那片枯叶正巧覆住唐朝某个卖炭翁的草鞋印。

我会写朱雀大街银杏叶铺就的黄金诏书，碑林里颜真卿的刻痕在暮色中渗出血色；写城墙根自行车碾过晨光的瞬间，砖缝里迸出明清商贾的算盘声；写西仓档口晃悠的鸟笼囚着半个盛唐的鹧鸪啼，含光门工地翻出的箭镞还沾着玄武门的血腥；写顺城巷醉汉枕着的酒坛，坛底沉着李白捞不起的碎月；写广仁寺转经筒转动的不是经文，是陇海铁路带来的汽笛与驼铃。

我会写纺织城纺纱女工把青春织进褪色的的确良衬衫；写地铁三号线挖出的白骨仍保持着曲江池畔踏青的姿势；写护城河上飘着的不是风筝，是孩童放飞的朱雀门残瓦；写兴教寺樱花落在空海法师的经卷上，青龙寺的晚钟惊醒了波斯客商枕着的胡姬银链。

我会写拆迁房里翻出的族谱比城墙厚重，洒金桥的胡辣汤沸腾着丝路遗韵；写冰窖巷的空调外机在唐宫冰井遗址上淌汗，三学街的补习班正背诵着白居易没写完的策论；写大车家巷的摇滚青年用电吉他弹奏《霓裳羽衣曲》残谱，南门洞流浪歌手的破音箱震落了瓮城箭楼的灰。

长安永远在重构：高新区的代码与西影厂的胶片在子夜对话，终南山隐士的手机震醒打坐的蒲团，未央路熄灭的霓虹照见汉墓夯土层的倔强，韦曲老街缝纫机扎出的针脚正在缝合十三朝破碎的月光。

★ 活动与评价 ★

活动一：辩论赛

正方以"AI 将创造更多就业机会"为命题，反方以"AI 不能创造更多就业机会"为命题进行辩论。

(1) 确定好双方队员 (各 4 人)。

(2) 提前部署辩论策略及技巧。

(3) 规定好陈述时间。

(4) 结束后由老师进行点评。

活动二：演绎职场情景剧

情境：某工厂引进了 AI 质检系统，质检部门的相关工人将面临转岗甚至失业的问题，由此引发了员工关于人工智能、就业以及社会问题的大讨论。

过程：选定人员扮演厂长、工人、AI 工程师、伦理学家，从效率、就业、伦理等角度讨论解决方案。

【活动评价】

请对上述活动进行评价（见表 8-1）。

表 8-1　活 动 评 价 表

评 价 内 容	评 价 情 况			
	自我评价 (20%)	小组评价 (30%)	教师评价 (50%)	最终评价
活动中的劳动态度情况 (20 分)				
活动中的劳动表现情况 (30 分)				
活动中的劳动成果情况 (30 分)				
活动中体现的团队合作能力 (20 分)				

参 考 文 献

[1] 习近平. 高举中国特色社会主义伟大旗帜　为全面建设社会主义现代化国家而团结奋斗：在中国共产党第二十次全国代表大会上的报告 [M]. 北京：人民出版社，2022.

[2] 邓伟志. 社会学辞典 [M]. 上海：上海辞书出版社，2009.

[3] 邓伟志，徐新. 家庭社会学导论 [M]. 2 版. 上海：上海大学出版社，2020.

[4] 李龙，滕芳，陈天宇. 大学生劳动教育与实践 [M]. 南昌：江西高校出版社，2021.